Das Set Immobilienfinanzierung

Finn Mayer-Kuckuk

Stiftung Warentest

Inhalt

Sie können die Formulare auch kostenlos herunterladen. Den Link und einen QR-Code finden Sie auf Seite 113.

Antworten auf die wichtigsten Fragen

Ein nach Ihren Wünschen gestaltetes Zuhause, Freiheit von Miete und Vermieter – ist das auch Ihr großer Traum? Gut informiert und konsequent umgesetzt – so verwirklichen Sie die Finanzierung Ihrer Wohnung oder Ihres Hauses in vier nachvollziehbaren Schritten.

Frage 1
Was kann ich mir leisten?

Um diese Frage beantworten zu können, steht für Sie am Anfang ein Kassensturz. Zwar werden zunehmend auch Komplettfinanzierungen durch die Bank angeboten, doch diesen Weg halten wir für riskant und teuer. Konkret hängt Ihre Kreditwürdigkeit von zwei Werten ab, die wir im ersten Schritt bestimmen: dem verfügbaren Eigenkapital und der maximalen Monatsrate, die Sie aufbringen können. Ihr Eigenkapital sollte mindestens die Kaufnebenkosten und einen Teil des eigentlichen Kaufpreises abdecken. Die Monatsrate sollten Sie sich ohne Stress leisten können.

Frage 2
Welche Kosten kommen auf mich zu?

Die sogenannten Kaufnebenkosten fallen oft erschreckend hoch aus. Sie kommen zum geforderten Kaufpreis hinzu und können den Preis für Sie – je nach Höhe der Steuern in Ihrem Bundesland – noch einmal um gut 10 Prozent erhöhen. Wenn Sie ein Haus bauen, kommen zudem weitere Ausgaben hinzu – von eventuellen Altlasten, die zu beseitigen sind, bis zum Anlegen von Zäunen. Um sich nicht zu überheben und sich sinnvoll für einen Kredit beraten zu lassen, müssen Sie möglichst genau sagen können, was Ihr Projekt kosten wird. Nachdem Sie sich Klarheit verschafft haben, welche Summe Sie insgesamt vermutlich brauchen, ist in Schritt 2 Zeit für die ersten Realitäts-Checks: Können Sie sich mit Ihren finanziellen Möglichkeiten das angepeilte Traumobjekt leisten – oder müssen Sie auf etwas Günstigeres zielen? Unsere Onlinerechner und die Formulare in diesem Set helfen Ihnen bei der Berechnung.

Frage 3
Was ist ein Finanzierungsplan?

Ein Finanzierungsplan verschafft Übersicht über die Geldquellen, die Verwendung der Mittel und den Verlauf der Rückzahlung. In vielen Fällen wird ein Hypothekendarlehen von einer Bank eine günstige Finanzierung ermöglichen. Wenn Sie die Riester-Förderung mitnehmen oder Ihre Zinsen langfristig festschreiben wollen, kommt eventuell auch ein Sofortkredit der Bausparkasse für Sie infrage – diese Produkte sind allerdings schwer zu durchschauen. Onlinerechner helfen Ihnen dabei, den Ablauf der Tilgung vorzuplanen. Durch diese Vorarbeit in Schritt 3 wissen Sie genau, was Sie vom Kreditgeber brauchen, und können kompetent um die besten Bedingungen verhandeln.

Frage 4
Erhalte ich staatliche Förderung?

Die öffentliche Hand bietet eine ganze Reihe von Zuschussprogrammen an. Am bekanntesten ist das der staatlichen Förderbank KfW. Sie hilft Ihnen beim Erwerb des Eigenheims mit einem Darlehen zu freundlichen Konditionen. Außerdem schießt sie Geld zum Bau von Energieeffizienz-Häusern zu. Möglicherweise kommen für Sie auch Riester-geförderte Produkte infrage. Auch die Landesbanken bieten zum Teil Kredite und Zuschüsse an. Einige Gemeinden vergeben Bauland vergünstigt an Familien. Unsere Checklisten in Schritt 3 helfen Ihnen, keinen Fördertopf zu übersehen. Doch erwarten Sie von den Hilfen keine Wunder – den Löwenanteil müssen Sie selbst stemmen.

Frage 5
Wie komme ich an ein günstiges Darlehen?

Wer sich dem erstbesten Kreditgeber anvertraut, macht womöglich einen erheblichen finanziellen Fehler. Auch unter Institutionen mit seriösen Namen gibt es enorme Unterschiede bei Kosten und Zinsen, die sich über die Jahrzehnte zu hohen Summen addieren. Es ist wichtig, über die Marktlage Bescheid zu wissen und mehrere Angebote genau zu vergleichen. Machen Sie sich mit wichtigen Kennzahlen wie dem Effektivzins und Zinsbindungsfristen vertraut, um die Unterschiede zu erkennen und sich effektiv beraten lassen zu können. Sie müssen wahrscheinlich mehrere Kreditbausteine kombinieren – etwa eine vorhandene Bausparsumme, einen zusätzlichen Hypothekenkredit und ein ergänzendes Darlehen von einer Förderbank. Am Ende von Schritt 4 steht dann der Abschluss Ihres Kredits. Sie haben es geschafft und können den Kaufvertrag unterschreiben.

Welche Darlehen es gibt

Die Finanzierung lässt sich mit verschiedenen Krediten stemmen. Zusätzlich bietet der Staat Förderung an. Hier sehen Sie die Vor- und Nachteile der unterschiedlichen Kreditformen.

Annuitätendarlehen

Langfristiges Darlehen mit gleichbleibenden Raten aus Zins und Tilgung während der Zinsbindung.

+

- Kein Zinserhöhungsrisiko während der Zinsbindung.
- Konstante Monatsraten während der Zinsbindung.
- Flexible Raten und Sondertilgungen nach Vereinbarung möglich.

–

- Anschlussfinanzierung am Ende der Zinsbindung nötig.
- Hohes Risiko bei kurzer Zinsbindung.
- Überlange Laufzeit bei niedriger Tilgung.

Volltilgerdarlehen

Annuitätendarlehen, das innerhalb der Zinsbindung komplett getilgt wird.

+

- Kein Zinserhöhungsrisiko während der gesamten Laufzeit.
- Konstante Monatsraten während der gesamten Laufzeit.
- Keine Anschlussfinanzierung nötig.
- Teilweise Zinsrabatte.

–

- Ratenwechsel oder Sondertilgungen oft ausgeschlossen oder stark eingeschränkt.
- Laufzeiten über 20 Jahre nur bei wenigen Banken als Volltilgerdarlehen erhältlich.
- Oft relativ schnelle Tilgung und hohe Monatsraten nötig.

Bauspar-Kombikredite

Kombination aus einem Bausparvertrag und einem Darlehen, mit dem die Bausparsumme bis zur Zuteilung vorfinanziert wird.

+

- Kein Zinserhöhungsrisiko während der gesamten Laufzeit, wenn der Zinssatz für das Darlehen bis zur Zuteilung fixiert ist.
- Nach Zuteilung beliebig hohe Sondertilgungen kostenfrei möglich.
- Wird häufig auch mit Riester-Förderung angeboten.

–

- Hohes Risiko, wenn Zinsbindung des Vorausdarlehens lange vor der Zuteilung endet.
- Niedrige Sparzinsen und hohe Gebühren für Bausparvertrag.
- Vor der Zuteilung kein Ratenwechsel möglich, Sonderzahlungen oft ausgeschlossen.
- Zuteilungstermin ist nicht garantiert.

KfW-Darlehen

Förderdarlehen der staatlichen KfW-Bank für den Bau und Kauf von Eigenheimen sowie für Modernisierungs- und Energiesparmaßnahmen.

+

- Niedrige Zinsen, vor allem in den Programmen für energieeffiziente Bau- oder Sanierungsmaßnahmen.
- Teilweise Tilgungszuschüsse.
- Kein Zinsaufschlag bei hoher Beleihung der Immobilie.

–

- Zinsbindung nur bis zu zehn Jahre, daher in der Regel Anschlusskredit zu marktüblichen Zinsen nötig.
- Keine Möglichkeit zu kostenfreien Sondertilgungen.
- Für energieeffiziente Bau- und Sanierungsmaßnahmen sind technische Anforderungen zu beachten.

Länderförderung

Zinslose oder zinsgünstige Immobliendarlehen und Zuschüsse der Bundesländer.

+

- Konkurrenzlos niedrige Zinsen, vor allem für Familien mit Kindern.
- Wird von Banken meist als Eigenkapitalersatz anerkannt.
- Oft lassen sich mehrere Förderbausteine kombinieren.

−

- Kein Rechtsanspruch, je nach Bundesland unterschiedliche Förderbedingungen.
- Oft lange Bearbeitungszeiten bis zur Bewilligung.
- Einkommensgrenzen.

Riester-Darlehen

Darlehen zur Nutzung der Riester-Förderung für eine selbst genutzte Immobilie. Es wird als Annuitätendarlehen, Bauspardarlehen oder Bauspar-Kombikredit angeboten.

+

- Tilgung wird mit Riester-Zulagen und Steuervorteilen gefördert.
- Zinsersparnis durch schnellere Darlehenstilgung.

−

- Vor allem bei Banken nur wenige Anbieter.
- Teilweise höherer Zinssatz als für ungeförderte Darlehen.
- Komplizierte Förderbedingungen.
- Geförderte Beträge müssen im Alter versteuert werden.

Forward-Darlehen

Darlehen für die Anschlussfinanzierung, das der Kreditnehmer bis zu fünf Jahre vor dem Ende der Zinsbindung seines alten Kredits abschließen kann.

+

- Zins- und Kalkulationssicherheit für den Anschlusskredit schon Jahre im Voraus.
- Bei steigenden Zinsen günstiger als Anschlussfinanzierung am Ende der Zinsbindung.

−

- Zinsaufschlag gegenüber einem sofort beginnenden Darlehen.
- Der Kunde muss das Darlehen zum vereinbarten Zinssatz auch abnehmen, wenn die Zinsen sinken.
- Auch Ratenhöhe und Kreditsumme müssen Jahre im Voraus festgelegt werden.

Bausparvertrag

Kombinierter Spar- und Darlehensvertrag für die künftige Finanzierung einer Immobilie oder einer Modernisierung.

+

- Darlehenszinsen in der Zukunft stehen schon bei Vertragsabschluss fest.
- Keine Zinsaufschläge für kleine oder nachrangige Darlehen.
- Staatliche Förderung durch Wohnungsbauprämie, Sparzulagen oder Riester-Zulagen.

−

- Sehr niedrige Guthabenzinsen in der Sparphase.
- Abschluss- und Kontogebühren.
- Zuteilungstermin ist nicht garantiert.

Schritt 1

Der Kassensturz

Im ersten Schritt blicken wir auf Ihre Finanzlage. Sie erfassen hier möglichst ehrlich Ihre Einnahmen und Ausgaben sowie das bereits ersparte Geld. Daraus ergibt sich der maximale Kredit, den Sie sich leisten können.

Was kann ich mir leisten?

Auch in Zeiten niedriger Zinsen gilt: Welche Immobilie ich mir leisten kann, hängt von meinem Einkommen und meinem Vermögen ab. Wir ermitteln die Grenzen Ihrer Möglichkeiten.

Das magische Wort bei der Immobilienfinanzierung lautet „Eigenkapital". Dabei handelt es sich um das Geld, das Käuferinnen und Käufer selbst mitbringen. Die Bank ergänzt dann die fehlende Summe bis zum Kaufpreis mit dem Darlehen. Das vorhandene Eigenkapital setzt eine klare Grenze des Möglichen. Es wirkt dabei wie ein Hebel: Je mehr ich davon mitbringe, desto mehr Geld kann ich mir leihen. Außerdem verlangt die Bank weniger Zinsen, wenn die Kundin ein gewisses Minimum an Eigenkapital mitbringt.

Die zweite Leitplanke für die Finanzierung sind Ihre laufenden Einnahmen und Ausgaben. Davon hängt ab, wie viel am Monatsende übrig bleibt, um das Darlehen zurückzuzahlen. Wenn das nur wenig ist, dann müssen Sie länger abbezahlen. Das bedeutet, Sie zahlen mehr Zinsen, weil die Bank Ihnen den Betrag über einen längeren Zeitraum leiht. Die Sache kommt am Ende also teurer.

Doch auch wenn Sie derzeit den Eindruck haben, am Monatsende nichts übrig zu behalten: In vielen Fällen lassen sich die Finanzen dennoch so organisieren, dass sich Zins und Tilgung eben doch aufbringen lassen. Hier können manchmal Sparkünste helfen. Vor allem können Sie als Selbstnutzer der neuen Wohnung oder des Hauses das heutige Budget für die Miete in die Kreditraten umlenken.

Mogeln schadet nur

Wer sich sein Budget jedoch schönrechnet, gerät hinterher in Stress – oder richtiggehend in Geldnot. Der Wunsch, in den eigenen vier Wänden zu leben und diese nach Ihren Vorstellungen zu gestalten, mag extrem verlockend sein, doch am Ende gewinnt die Macht der Zahlen. Gerade in den großen Metropolen wie München, Stuttgart oder Berlin erscheint heute der Kauf sehr teurer Wohnungen zwar als völlig normal. Aber auch Kredite mit langer Laufzeit und verführerisch niedrigen Raten wollen zurückgezahlt sein. Wenn Sie hier in Verzug kommen, dann lernen Sie die Bank schnell von ihrer unangenehmen Seite kennen.

Der Sinn der Erfassung der Einnahmen und Ausgaben besteht zunächst darin, ein realistisches Bild Ihrer Einkommensverhältnisse zu erhalten. Erst später überlegen wir, was sich damit wie finanzieren lässt. Es geht hier also nicht darum, Ihr Vermögen schönzurechnen, sondern Ihre reellen Möglichkeiten zu ermitteln. Es kann durchaus sein, dass Sie sich am Ende dann doch von Ihrer Traumimmobilie verabschieden müssen, weil sie sich nicht sicher finanzieren lässt. Doch immerhin haben Sie dann Klarheit über Ihre tatsächlichen Möglichkeiten.

Zusammensetzung einer Finanzierung

Der Gesamtpreis setzt sich aus dem Kaufpreis und den Kaufnebenkosten zusammen. Das Eigenkapital sollte mindestens die Nebenkosten abdecken – und am besten noch etwa ein Fünftel der Kaufsumme.

Dieses Geld taugt als Eigenkapital

Nicht nur Ihr Erspartes, auch bestimmte Fördermöglichkeiten können als Eigenkapital anerkannt werden. Grundsätzlich gilt: je mehr Eigenkapital, desto besser.

Das „eigene Kapital" steht im Gegensatz zum „Fremdkapital" von Bank oder Bausparkasse. Mit beidem zusammen bezahlen Sie den Preis des Hauses und die Nebenkosten. Kaum jemand bringt den kompletten Kaufpreis für eine Immobilie einfach mit. Es ist eine lange eingeführte Praxis, sich Geld für eine Immobilie zu leihen. Schließlich will man schon in jungen Jahren ordentlich wohnen – insbesondere wenn Kinder da sind. Mit einem Kredit kommen die Käufer viel früher im Leben in den Genuss des Eigenheims, als wenn sie erst den vollen Kaufpreis sparen und so lange zugleich Miete zahlen müssen. Der Zwang, einen Kredit zu bedienen, diszipliniert zudem viel stärker, als freihändig ohne konkretes Ziel zu sparen. Geld, das leicht verfügbar ist, verführt eben dazu, es auch auszugeben.

Für den Zweck dieses Buches gehen wir davon aus, dass Sie bereits eine ordentliche Summe mitbringen – sei sie angespart, geerbt oder von Verwandten zur Verfügung gestellt. Sie sollten auf jeden Fall die Kaufnebenkosten für Grunderwerbsteuer, Makler, Notar und Grundbuchamt aufbringen. Das sind zirka 5 bis 15 Prozent der Kaufsumme. Es lohnt sich jedoch, deutlich mehr Eigenkapital zu mobilisieren. Ab einem Anteil von 20 Prozent am Wert des künftigen Eigenheims – zusätzlich zu den Nebenkosten – gilt die Finanzierung als solide abgesichert.

Zuweilen machen schon einige Tausend Euro mehr oder weniger einen großen Unterschied bei den Zinsen, die die Bank verlangt. Formular A im hilft Ihnen dabei, Ihre verschiedenen Quellen von Eigenkapital zu prüfen und zusammenzurechnen. Die Ausfüllhilfe finden Sie auf S. 22.

In Schritt 4 stellen wir einen Grenzzins-Rechner vor, der die Auswirkungen verschiedener Eigenkapitalanteile auf die Kreditangebote in Euro bemisst.

UNSER RAT

Kein Kauf ohne Geld

Manche Finanzdienstleister, Vermittler oder Makler werben mit einer 100-Prozent-Finanzierung, bei der die Kunden den Kaufpreis komplett auf Kredit finanzieren. Immer häufiger wird sogar die 110-Prozent-Finanzierung angeboten, die auch die Nebenkosten abdeckt.

Teuer & gefährlich. Die Käuferin muss dabei kein eigenes Geld mitbringen und leiht sich alles von der Bank. Davon raten wir ab. Sowohl die Zinsen als auch die Gefahren sind bei dieser Variante deutlich höher als bei einer Finanzierung mit Eigenkapital.

Risiken. Angenommen, der Immobilienmarkt bricht kurz nach dem Kauf in einer Krise ein und die Kreditnehmerin wird zugleich arbeitslos. Sie kann den Kredit nicht bedienen und muss daher die Wohnung auflösen, um die Bank zufriedenzustellen. Da der Verkauf der Wohnung nicht mehr die Kreditsumme deckt, bleibt sie gerade in dieser Lage auf erheblichen Schulden sitzen.

Sicherer. Mit genug Eigenkapital in der Finanzierung haben Sie dagegen einen ausreichenden Puffer und müssen sich auch in Krisenzeiten keine Sorgen machen.

Vorhandenes Geld

Ob auf dem Girokonto, dem Sparbuch, auf einem Tagesgeldkonto oder in Form von Wertpapieren im Depot: Eigene Ersparnisse sind die reinste Form von Eigenkapital. Wenn sie nach Abzug der Nebenkosten einen zweistelligen Prozentsatz des Kaufpreises ausmachen, dann ist das bereits ein guter Start.

→ **Aktien, Fonds, andere Wertpapiere.** Ob nach dem Hauskauf noch Geld im Depot übrig bleiben soll oder kann, hängt davon ab, wie viel Geld Sie brauchen. Manchmal ist die Versuchung groß, möglichst viele der gut laufenden Papiere zu behalten. Es hat aber fast immer Vorrang, genug Eigenkapital aufzubringen, um einen sicheren Immobilienkauf zu ermöglichen. Ein Wertpapierdepot zu behalten und zugleich eine Hundertprozentfinanzierung für eine Immobilie abzuschließen ist selbst in Zeiten niedriger Zinsen riskant und generell keine gute Idee.

Eine Ausnahme ergibt sich, wenn Sie wirklich viel Eigenkapital haben. Ein Aktiendepot hat das Potenzial, langfristig mehr Gewinn abzuwerfen, als Sie derzeit für einen Immobilienkredit zahlen müssen. Angenommen, Sie könnten die angepeilte Wohnung zu 80 Prozent aus eigenen Mitteln bezahlen. Zugleich liegt der Zins für Immobilienkredite mit rund 1 Prozent sehr niedrig. Dann wäre es eine Überlegung wert, einen höheren Kredit aufzunehmen, als Sie müssen. Sie könnten zum Beispiel 50 Prozent der Kaufsumme aufnehmen und einen Teil der Aktienanlagen behalten.

Bei Hypothekenzinsen über 5 Prozent – was früher einmal die Regel war – macht dagegen diejenige Käuferin das bessere Geschäft, die mehr Eigenkapital einsetzt und sich Zinszahlungen an die Bank spart. Das mindert auch den Stress: Kleinere Kredite sind einfacher zu handhaben, weil die monatliche Belastung geringer ist.

Wer sein Erspartes in Aktien gesteckt hat, steht nun vor einer bangen Frage: Wann verkaufen? Mitten in einer schweren Marktkrise liegt es nahe, erst auf die Erholung zu warten. Ansonsten führt nichts daran vorbei, irgendwann einfach die Verkaufsorders auszulösen. Niemand kennt den perfekten Zeitpunkt.

→ **Sparbuch und Tagesgeldkonto.** Falls Sie noch ein Sparbuch haben, ist jetzt der Zeitpunkt gekommen, es aufzulösen und das Geld in die Immobilie zu stecken. Es bringt keine Zinsen.

Auch das Tagesgeldkonto müssen Sie nun vermutlich abräumen – aber mit einer Einschränkung. Dort können Sie Ihre Notreserve belassen. Sie sollten nicht Ihr gesamtes Geld in Beton umwandeln. Jeder Haushalt braucht einen Puffer. Schließlich können Notebook, Waschmaschine oder Auto den Geist aufgeben, oder die Einnahmen können ausbleiben, weil eine Krise Kurzarbeit nötig macht. Wie hoch die Reserve sein sollte, hängt von Ihren persönlichen Umständen ab. Rechnen Sie im Zweifelsfall mindestens 3000 Euro pro Haushaltsmitglied. Eine andere Faustregel empfiehlt, drei Monatsgehälter vorzuhalten.

Geschenktes Geld

Für eine Reise oder ein neues Sofa werden Eltern oder Großeltern meist nicht ihre Geldkoffer öffnen. Aber für ein Haus, also eine „sichere Sache"? Wenn jüngere Verwandte hier um Hilfe bitten, ist oft ein Zuschuss möglich. Doch auch Geschäfte unter Angehörigen fallen unter gesetzliche Regeln. Schenkungen berühren das Steuerrecht. Achten Sie auf Freibeträge: Darüber verdient der Staat mit.

- Unter Eltern und Kindern gelten hohe Freibeträge von 400 000 Euro pro Elternteil.
- Enkel dürfen immerhin 200 000 Euro von Oma oder Opa erhalten, ohne dass der Fiskus etwas kassiert.
- Für alle anderen Verwandten, also auch Nichten und Neffen, gelten nur 20 000 Euro.
- Der gleiche Betrag gilt für Freunde, hier wird jedoch zusätzlich ein höherer Erbschaftsteuersatz angewandt, sodass mehr Abgaben fällig werden.

Diese Freibeträge betreffen nur die Schenkungen großer Summen; Darlehen von Verwandten behandeln wir weiter unten beim Thema Eigenkapitalersatz.

Beziehen Sie auf jeden Fall Ihren Steuerberater ein, um die Sache von Anfang an korrekt zu planen. Für die Übertragung einer hohen Summe ist es sinnvoll, einen formellen Vertrag über die Schenkung aufzusetzen.

Geld aus Riester-Verträgen

Geld aus einem Riester-Vertrag können Sie als Eigenkapital nutzen. Was genau man mit einem Vertrag anfangen kann, hängt von der Art des Produkts ab. Es gibt Riester-Verträge, die später eigentlich eine Auszahlung zum Ziel hatten, und Riester-Verträge, die gleich auf Wohneigentum abzielen.

- **Riester-Bausparvertrag.** Wer schon lange im Voraus weiß, dass er Riester für ein Eigenheim nutzen möchte, wählt weder Rentenversicherung noch Fondssparplan, sondern ein Angebot für die Immobilienfinanzierung. Der reguläre Weg ist Riester-gefördertes Bausparen. Wenn Sie so einen Vertrag bereits besitzen, ist dessen Nutzung als Eigenkapital besonders einfach, schließlich ist er von Anfang an dafür vorgesehen. Ein Riester-Bausparvertrag funktioniert im Prinzip nicht anders als ein Bausparvertrag ohne staatliche Förderung. Wie beim Bausparen ohne Riester schließt sich ein Darlehen vom gleichen Anbieter an. Mehr Infos zur Zuteilung oder vorzeitigen Nutzung finden Sie daher im Abschnitt zum Bausparvertrag, S. 16.
- **Riester-Rentenversicherung.** Eine Rentenversicherung garantiert meist eine monatliche Mindestrente im Alter. Normalerweise kommt der Kunde vor dem Ruhestand nicht ohne Verluste an das Geld heran. Der Rechtsrahmen erlaubt jedoch ausdrücklich die Umwidmung des Geldes für den Wohnungskauf. Dennoch bleibt ein Wermutstropfen. Die bereits angefallenen Kosten für die Rentenversicherung werden in der Regel nicht erstattet. Grundsätzlich ist eher nur der Erhalt der Einzahlungen plus staatliche Zula-

UNSER RAT

Nicht zu viel aufladen

Pessimisten im Vorteil. Optimismus ist eine positive Eigenschaft – kann in der Immobilienfinanzierung jedoch in die Irre führen. Wer eine gewagte Finanzierung mit wenig Eigenkapital eingeht und seinen Spielraum bei der Rate voll ausreizt, riskiert Stress und Geldnot.

Freiberufler. Vor allem Käufer mit wechselndem Einkommen sollten ihre eigene Lage mit gesunder Skepsis beurteilen. Die Versuchung ist groß, eine auftragsstarke Phase in die Zukunft fortzuschreiben. Sie kann abrupt enden, wenn beispielsweise ein großer Kunde abspringt.

Schwankungen einplanen. Es kann zu Veränderungen der Marktlage kommen. Im Extremfall sind ganze Branchen von einer Katastrophe betroffen wie in der Corona-Krise. Auch Krankheiten können die Zahlungsfähigkeit vermindern.

Vorsichtig bleiben. Es empfiehlt sich auch für Festangestellte nicht, mit hohen Einkommenssteigerungen zu rechnen. Gehen Sie eher von gleichbleibenden Einkünften aus und bauen Sie stattdessen Möglichkeiten zur Sondertilgung ein.

gen zu erwarten. Das Manöver will also gut überlegt sein. Es kann günstiger sein, die Rentenversicherung wie vorgesehen weiterlaufen zu lassen, aber nicht weiter einzuzahlen, sie also einfach ruhen zu lassen. Dann verlieren Sie die staatlichen Zuschüsse nicht, müssen aber den Vertrag auch nicht weiter Monat für Monat bedienen. Eine ausführliche Abwägung finden Sie im Abschnitt zu Rentenversicherungen auf S. 15.

➔ **Riester-Fondssparen.** Beim Riester-Fondssparen ist der Altersvorsorgevertrag die Hülle für Investitionen in Aktienfonds. Auch hier steht der Sicherheitsgedanke im Vordergrund: Je älter Anleger werden, desto mehr Geld schichten die Anbieter aus Aktienfonds in weniger riskante Anlagen um. Anders als bei normalen Fonds- oder ETF-Sparplänen können Sie die Fondsanteile nicht einfach verkaufen, sondern müssen damit in der Regel bis zum Renteneintritt warten, wenn Sie die Riester-Förderung nicht verlieren möchten. Riester-Fondssparer wären jetzt im Nachteil gegenüber normalen Fondssparern, die einfach ihr Depot abräumen können, um Eigenkapital aufzubringen. Doch glücklicherweise sieht das Gesetz die Nutzung als Eigenkapital ausdrücklich vor. Ist Ihr Vertrag gerade wegen eines Börsentiefs im Minus, sollten Sie aber überlegen, ob Sie es sich leisten können, auf bessere Börsenzeiten zu warten. Sie könnten den Vertrag dann so lange ruhen lassen.

➔ **Riester-Banksparen.** Die Bank garantiert bei einem Banksparplan eine gewisse Rendite. Leider sind die Zinsen minimal. Sie können nach Abzug der Gebühren im Wesentlichen mit dem Erhalt Ihrer Einzahlungen und der staatlichen Zulagen rechnen. Das Gute: Weil die Gebühren beim Banksparplan kaum ins Gewicht fallen, sind Sie immer im Plus. Sie können das Geld aus dem Banksparplan inklusive der Zulagen daher problemlos als Eigenkapital für die Finanzierung Ihres Eigenheims einsetzen.

Riester-Verträge als Eigenkapital einsetzen

Sie sehen: Die Geld-Riester-Produkte, also Rentenversicherung, Fondssparpläne und Banksparplan, sind eigentlich eisern fürs Alterssparen gedacht, der Gesetzgeber geht jedoch davon aus, dass sich Lebenspläne ändern können. Wer schon zum Berufseinstieg mit der privaten Altersvorsorge beginnt, hat vielleicht noch nicht das Eigenheim im Blick. Oft bringt erst der nächste, sesshaftere Lebensabschnitt den Wunsch nach der eigenen Immobilie. Das hat der

Gesetzgeber berücksichtigt. Der Kauf eines Eigenheims ist eine der wenigen Möglichkeiten, Riester-Kapital vor Rentenbeginn anzugreifen, ohne die Förderung zu verlieren.

Es gibt zwei Wege zur Nutzung des ersparten Vermögens aus solch einem Riester-Produkt: Sie können es für einen Immobilienkauf entnehmen oder Sie können es in einen Bausparvertrag verschieben.

→ **Entnahme.** Voraussetzung für die Entnahme des Kapitals ist ein Antrag bei der Zulagenstelle für Altersvermögen der staatlichen Rentenversicherung (zfa.deutsche-rentenversicherung-bund.de). Die Zulagenstelle wird Unterlagen sehen wollen, die belegen, dass Sie wirklich eine Immobilie kaufen oder gekauft haben. Sie können das Geld vergleichsweise flexibel einsetzen – nicht nur als Eigenkapital beim Kauf, sondern auch, um Teile eines bereits laufenden Immobiliendarlehens auf einen Schlag zurückzuzahlen (also eine Sondertilgung). Falls Sie nicht alles abräumen, sondern nur einen Teil des angesammelten Kapitals entnehmen, müssen mindestens 3 000 Euro im Vertrag bleiben, damit Sie die vollen Zulagen behalten können. Die bereits geförderten und so entnommenen Beträge müssen dann allerdings im Alter versteuert werden. Mehr dazu im Abschnitt zum Wohnförderkonto auf S. 74.

→ **Umwandlung.** Die Umwandlung kann auch durch die Übertragung des angesparten Kapitals in einen Riester-Bausparvertrag laufen. Nehmen Sie mit dem Anbieter Ihres Riester-Vertrags Kontakt auf und fragen Sie, wie Sie am besten vorgehen. Der Wechsel geht meist in folgenden Schritten: Sie schließen einen neuen Riester-geförderten Bausparvertrag bei einer Bausparkasse ab. Dort beantragen Sie einen Anbieterwechsel und geben die Daten Ihres alten Riester-Vertrags an. Der neue Anbieter zieht das Geld dann vom alten Anbieter herüber.

Zweimal Wohn-Riester

Es gibt es zwei Förderwege, die unter dem Stichwort „Wohn-Riester" beziehungsweise „Eigenheimrente" laufen. Sie greifen jedoch an unterschiedlichen Stellen des persönlichen Finanzierungsablaufs.

→ **Riester-Sparen:** Wenn der Kauf oder Bau noch in einiger Zukunft liegt, lässt sich mit einem Riester-Vertrag darauf hinsparen. In den meisten Fällen läuft das über einen Riester-Bausparvertrag. Es lässt sich jedoch auch jeder andere Riester-Vertrag nutzen, um Eigenkapital für den Kauf aufzubauen.

→ **Riester-Kombikredit:** Bausparen gilt als langwierig, doch die Bausparkasse kann Ihnen auch sofort Geld auszahlen. Sie überspringen die Ansparphase mit einem Vorfinanzierungskredit. Dieses verwickelte Gebilde gibt es mit und ohne Riester-Förderung. Solche Kombikredite werden unmittelbar für den Bau oder Kauf abgeschlossen. Mehr dazu in Schritt 3.

Andere Rentenversicherung

Grundsätzlich lassen sich auch Rentenversicherungen ohne Riester-Komponente nutzen, um Eigenkapital daraus zu gewinnen. Wenn Sie den Vertrag kündigen und sich das Kapital auszahlen lassen, müssen Sie allerdings oft Verluste hinnehmen. Man unterscheidet zwischen klassischen und fondsgebundenen Rentenversicherungen. Ob es sich lohnt, den Vertrag zu kündigen, lässt sich nicht einfach sagen. Das kommt auf den Vertrag und weitere Faktoren an.

Mancher Rentenversicherungsvertrag, der mit Ablauf zu Rentenbeginn 100 000 Euro Kapital enthalten soll, bringt bei Auflösung in den mittleren Jahren noch weniger als 20 000 Euro. Die Versicherer bestrafen ihre Kunden in gewissem Sinne dafür, nicht durchzuhalten. Die hohen Gebühren vieler älterer Produkte führen dazu, dass sie eine lange Anlaufphase haben, in der einfach nicht viel Geld im Topf liegt.

Sie sollten folgende Überlegungen anstellen:

- Handelt es sich um einen klassischen Altvertrag mit hohen Garantiezinsen? Dann sollten Sie sich die Kündigung besonders gut überlegen. Es sind kostbare Relikte aus einer anderen Zeit der höheren Rendite für sichere Geldanlagen.
- Wenn der Vertrag bei näherem Hinsehen jedoch ohnehin keine guten Konditionen aufweist, dann spräche das wiederum für seine Auflösung. Manches hastig abgeschlossene Produkt von der eigenen Hausbank bringt letztlich nur ein geringes Plus, weil sich im Kleingedruckten hohe Gebühren verstecken. Wenn Sie beispielsweise neben einem Verwaltungsbeitrag von 6 Prozent zusätzlich noch eine Jahresgebühr von 50 Euro abgezogen bekommen, dann ist die Leistung vermutlich so gering, dass sie ihn dem Hauskauf opfern können. Sie finden den aktuellen Wert im Vertrag und in der jährlichen Information zu der Lebens- oder Rentenversicherung.

Brauchen Sie dringend mehr Eigenkapital, um Ihre Traumimmobilie finanzieren zu können? Dann muss die Rentenversicherung eventuell auch dann draufgehen, wenn ihre Konditionen gar nicht so schlecht sind. Denn kaum etwas ist bei der Geldanlage langfristig so schädlich und teuer wie mangelndes Eigenkapital bei der Immobilienfinanzierung. Wenn Sie also bisher kaum die Nebenkosten mit eigenem Geld decken können, könnte die Kündigung der Rentenversicherung die entscheidenden paar Tausend Euro bringen.

Falls Sie schon ins Rentenalter kommen und Ihre Versicherung ohnehin abläuft, sieht die Lage anders aus. Sie können sich das Kapital dann verlustfrei auszahlen lassen.

Sie können die Zeit bis zur Auszahlung des Rentenkapitals auch mit einem Kredit überbrücken. Das wäre eine mögliche Anwendung für ein sogenanntes endfälliges Darlehen, für das Sie während seiner Laufzeit nur Zinsen entrichten müssen und das Sie am Schluss, wenn Sie den Ablauftermin der Versicherung erreichen, auf einen Schlag zurückzahlen (mehr dazu in Schritt 3). Das kommt gerade in Zeiten niedriger Darlehenszinsen oft günstiger als die Auflösung. Sie können die unangetastete Versicherung damit zu Kapital machen.

Wenn Sie den Vertrag nicht kündigen möchten, sich aber die Rate nicht weiter leisten können, kann es eine Lösung sein, ihn beitragsfrei stellen zu lassen. Dann zahlen Sie nicht weiter ein, bekommen dafür aber am Ende auch eine geringere Rente.

Bausparvertrag

Das Bausparen ist ein kombinierter Spar- und Darlehensvertrag speziell für den künftigen Erwerb von Immobilien. Guthaben, das Sie bereits in einem solchen Vertrag angespart haben, zählt als Eigenkapital, das Bauspardarlehen nicht. Im Vergleich zu anderen Geldanlagen ist allerdings die Rendite in der Sparphase eher niedrig, oft sogar negativ, weil die einmaligen und laufenden Gebühren höher sind als die Sparzinsen. Das hat mit den Kreditzinsen dort zu tun: Die Bausparkassen nehmen Spargeld von ihren Mitgliedern entgegen und verleihen es an andere Mitglieder, die in die Darlehensphase eintreten (siehe „So funktioniert Bausparen"). Die Verhältnisse am Finanzmarkt setzen auch die Bausparkassen unter Druck: Wenn sich Immobilienkunden auf dem freien Markt günstig bedienen können, dann können sie ihren Kunden ebenfalls keine hohen Zinsen abknöpfen. Da kommt auch für die Sparer nicht so viel zusammen.

Die Alternative, um den gleichen Effekt zu erzielen wie ein Bausparvertrag, wären mehrere Jahre Sparen auf eigene Faust plus ein Bankdarlehen. Das Besondere am Bausparen: Der Zinssatz für das Darlehen steht schon bei Vertragsabschluss fest, auch wenn sich Sparer erst in sieben oder zehn Jahren ihre Immobilie kaufen. Bis dahin könnten die Zinsen für gewöhnliche Bankdarlehen längst wieder gestiegen sein. Bau-

INFO

So funktioniert Bausparen

Angenommen, zwanzig Freunde wollen alle ein Haus bauen. Keiner von ihnen hat Geld, aber alle haben ein stabiles Einkommen. Nehmen wir ebenfalls an, sie alle müssten genau zwanzig Jahre sparen, um sich den Bau leisten zu können. Dann könnten sie entweder allesamt zwei Jahrzehnte sehnsüchtig auf den Baubeginn warten, während sie das Geld ansammeln. Oder sie können es schlauer anstellen:

Gemeinschaft: Alle diese Freunde schmeißen ihre Sparraten in einen Topf, statt sie auf die Bank zu bringen. Dann hat die Gemeinschaft nach einem Jahr so viel zusammen wie einer nach zwanzig Jahren. (Die Zinsen ignorieren wir für dieses Beispiel.) Wenn sich alle zusammentun, kann der Erste also schon nach einem Jahr bauen. Er zahlt natürlich ebenfalls in den kommenden Jahren weiter ein. So erstattet er den anderen das aus dem Topf geliehene Geld zurück.

Lange Kette: Wieder ein Jahr später kann die Zweite bauen, der Dritte ist im Folgejahr dran und so weiter. So erhebt sich über zwanzig Jahre ein Haus nach dem anderen. Der Bauplatz steht nicht zwanzig Jahre leer, sondern es ist immer etwas los. Das ist der Grundgedanke des Bausparens – nur dass hier immer neue Sparer hinzukommen.

Die Zuteilung: Das klassische Bausparen hat in der Mitte ein Scharnier: die Zuteilung. Der typische Bausparer entspricht nämlich ungefähr dem zehnten Freund aus dem Beispiel: Er zahlt erst rund zehn Jahre ein, beginnt dann zu bauen und nimmt dazu aus dem Topf einen Kredit in Anspruch, den er in den folgenden zehn Jahren zurückzahlt. Mit der Zuteilung gibt es also Spargeld und Darlehen in einem: die Bausparsumme.

Punktesystem: Da jeder Sparer andere Pläne für die Einzahlungen und die Entnahme hat, haben sich die Kassen ein System ausgedacht, um die jeweiligen Ansprüche gerecht zu verwalten. Wer einzahlt, erhält Punkte. Wer am Bewertungsstichtag eine bestimmte Punktzahl erreicht und zugleich das tarifliche Mindestguthaben angespart hat, erhält nach einer gewissen Zeit die Zuteilung.

Beweglicher Termin: Die Zielbewertungszahl kann sich ändern, weil sie von der Geschäftsentwicklung der Bausparkasse abhängt. Daher nennen Bausparkassen beim Abschluss des Vertrags keinen fixen Termin, zu dem es mit dem Kauf losgehen kann, sondern geben nur eine Vorhersage ab, die nicht bindend ist. Immerhin: Die Zielbewertungszahlen der Bausparkassen sind schon seit vielen Jahren stabil.

sparen ist daher in erster Linie ein Instrument, um sich für einen Teil der künftigen Finanzierung gegen mögliche Zinserhöhungen am Kapitalmarkt abzusichern. Der Preis dafür sind niedrige Zinsen und relativ hohe Gebühren in der Sparphase.

Wenn Sie bereits Kunde beziehungsweise Mitglied einer Bausparkasse sind, dann haben Sie es hier leicht. Sie können das Guthaben oder die Bausparsumme direkt als Baustein Ihrer Finanzierung verwenden. Hier sind zwei Fälle zu unterscheiden:

→ **Zuteilungsreif.** In den Bausparvertrag wurde schon genug eingezahlt, um ihn kurzfristig zur Finanzierung nutzen zu können. Die Zielbewertungszahl und das Mindestguthaben sind also erreicht. Sobald die Zuteilung erfolgt, reicht eine Mitteilung an den Anbieter (die „Zuteilungsannahmeerklärung"), um von der Sparphase auf die Kreditphase umzuschalten. Zugleich fließt Geld: die Bausparsumme. Das ist einer der unproblematischsten Wege der Immobilienfinanzierung.

→ **Noch nicht zuteilungsreif.** Auch falls er noch nicht zuteilungsreif ist, bringt ein Bausparvertrag etwas, wenn sich unerwartet eine tolle Gelegenheit zum Kauf bietet. Tatsächlich ist es normal, dass der konkrete Kaufwunsch und die Zuteilung nicht genau gleichzeitig eintreten.

Wenn der Bausparvertrag noch nicht zuteilungsreif ist

Es gibt mehrere Wege, einen Bausparvertrag schon vor der Zuteilung für die Finanzierung zu nutzen.

→ **Vorausdarlehen.** Eine Bank – oder die Bausparkasse selbst – leiht dem Kunden die Summe, die er bei Zuteilung erhalten wird, also die Bausparsumme. Für diesen Kredit fallen monatlich nur Zinszahlungen an, er wird also noch nicht getilgt. Dafür laufen auch die Sparraten des Bausparvertrags weiter, zumindest bis das Mindestguthaben erreicht ist. Bei Zuteilung der Bausparsumme wird der Kredit auf einen Schlag abgelöst. Ab jetzt tilgt der Kreditnehmer das Darlehen der Bausparkasse. Dieser Weg eignet sich beispielsweise, wenn das Mindestguthaben von 30 bis 50 Prozent der Bausparsumme (je nach Tarif) noch nicht angespart ist und das Bauspardarlehen so attraktiv ist, dass Sparer nicht darauf verzichten wollen.

→ **Zwischenkredit.** Ein Zwischenkredit eignet sich zur Nutzung eines Bausparvertrags, der in Kürze zuteilungsreif ist. Im Jargon der Branche heißt dieser Zustand: Das Mindestguthaben ist bereits angespart, der Vertrag aber noch nicht zugeteilt, weil die erforderliche Bewertungszahl noch nicht erreicht ist,

→ **Bausparsumme anpassen.** Viele Bausparverträge sind flexibler, als der traditionsverhaftete Ruf der Branche vermuten lässt. Wer die Bausparsumme senkt, erreicht die für die Zuteilung erforderliche Bewertungszahl schneller. Sprechen Sie mit der Beraterin der Bausparkasse.

→ **Teilung des Vertrags.** Eine weitere Variante ist die Aufteilung in zwei ungleiche Verträge. In dem einen steckt hinterher der Löwenanteil des bereits eingezahlten Kapitals, sodass er schneller zuteilungsreif wird. Im Idealfall steht die Bausparsumme sofort zur Verfügung.

→ **Kündigung.** Die radikalste Option ist es, den Vertrag zu kündigen und sich nur das Guthaben auszahlen zu lassen. Eine Kündigung will gut überlegt sein, weil Bausparer damit auf ihr Bauspardarlehen verzichten. Auch eventuell vereinbarte Bonuszinsen fallen meist heraus. Bei Kündigung landet das Bausparguthaben wieder auf Ihrem Konto und lässt sich als Eigenkapital verwenden. Bis zur Auszahlung müssen Sie aber noch drei bis sechs Monate warten. Eine Sofortauszahlung ist meist nur gegen einen Zinsabschlag möglich.

Bauspar-Rechner

Wenn Ihr Kaufwunsch noch etwas in der Zukunft liegt, können Sie durch Bausparen Eigenkapital aufbauen und sich niedrige Zinsen für Ihre künftige Finanzierung sichern. Welche Tarife und Bausparkassen für Ihr Vorhaben am besten geeignet sind, ermittelt der Bausparrechner der Stiftung Warentest auf test.de/bausparrechner. Für Flatratekunden ist die Nutzung kostenlos.

Vorhandene Immobilie

Vielleicht haben Sie schon seit einer Weile eine kleine Wohnung in einer anderen Stadt, haben das Haus der Eltern geerbt oder nennen noch ein Grundstück auf dem Lande ihr Eigen? Wenn Sie schon eine Immobilie besitzen, können Sie diese auf verschiedenen Wegen als Eigenkapital einbringen. Es gibt grundsätzlich folgende Optionen:

→ **Sicherheit.** Wenn die Immobilie noch nicht beliehen ist, kann sie der Bank als Sicherheit dienen. Sie zählt dann nicht direkt zum Eigenkapital. Sie bekommen aber günstigere Kreditkonditionen, weil die Bank durch die zusätzliche Sicherheit ein geringeres Risiko hat. Vorteil: Sie behalten Ihre

UNSER RAT

Lohnt Bausparen noch?

Die Idee des Bausparens war seinerzeit aufgekommen, um die hohen Zinsen der Banken zu vermeiden. In Zeiten ultraniedriger Notenbankzinsen wie in der Phase seit 2010 fällt dieses Argument weitgehend weg. Herkömmliche Kredite sind zudem mindestens genauso günstig wie Bauspardarlehen. Vergleichstests ergeben, dass Bausparkassen auch nicht ehrlicher sind: Einige beraten an den Bedürfnissen der Kunden vorbei. Sie empfehlen teure Tarife oder zu hohe Bausparsummen. Es gibt dennoch gute Gründe, die fürs Bausparen sprechen.

Zinssicherheit. Wer heute einen Bausparvertrag abschließt, erhält eine Garantie für den Zinssatz des Darlehensvertrags. Dieser liegt viele Jahre in der Zukunft. Das wirkt wie eine Versicherung gegen steigende Zinsen.

Kleine Kredite. Kleine Finanzierungen unter 50 000 Euro bestrafen die Banken mit höheren Kosten. Bei den Bausparkassen ist der Zinssatz unabhängig von der Kreditsumme, er gilt also auch für kleine Kredite.

Bessere Konditionen. Die Bausparsumme als Baustein der Finanzierung verringert den nötigen Bankkredit. Dieser Kredit steht dann in einem günstigeren Verhältnis zum Wert der Immobilie. Deshalb bieten Ihnen die Banken und andere Kreditgeber dann meist bessere Konditionen für ihr Darlehen.

Förderung. Der Staat liebt Bausparer. Er schenkt Haushalten innerhalb festgelegter Einkommensgrenzen 10 Prozent der Beiträge als Wohnungsbauprämie. Auch Riester und die Arbeitnehmer-Sparzulage lassen sich aufs Bausparen anwenden. Mehr dazu in Schritt 3.

Sondertilgungen. Wenn Ihnen eine Erbschaft, ein Großauftrag, ein lukrativer Jobwechsel oder dergleichen mehr Geld beschert, dann können Sie ein Bauspardarlehen bei den meisten Verträgen durch eine Einzahlung abbauen. Banken erlauben das lediglich in engen Grenzen. Die großzügigen Sondertilgungsmöglichkeiten gelten allerdings nicht für Voraus- und Zwischenkredite der Bausparkassen.

Immobilie. Nachteil: Der Kredit für den Neukauf verringert sich nicht. Damit bleibt auch der lange Zeitraum fürs Abbezahlen unverändert, und Sie zahlen länger Zinsen. Das Gleiche gilt für eine Immobilie in der Familie, die noch nicht mit Hypothek oder Grundschuld belastet ist. Der Eigentümer kann sie Ihnen als zusätzliche Sicherheit zur Verfügung stellen. Das alles ist aber kein verfügbares Eigenkapital, das wir hier beim Kassensturz dazurechnen. Diese Möglichkeiten tauchen stattdessen in Schritt 4 auf, wo es um die Kreditaufnahme geht.

→ **Verkauf.** Als Alternative lässt sich die Immobilie verkaufen und das Geld direkt zur Bezahlung des neuen Objekts verwenden. Das bietet sich an, wenn kein Interesse mehr an der alten Liegenschaft besteht. Vorteil: Der Kredit schrumpft und wird schneller abbezahlt. Das Geld zählt dann als Eigenkapital im Sinne von Schritt 1.

Eigenkapitalersatz

Wir raten zwar dringend davon ab, geliehenes Geld als Eigenkapital auszugeben. Es gibt jedoch Ausnahmen, die die Banken ganz offiziell anerkennen. Das sind vor allem private Darlehen der Eltern oder der Firma. Ob der Einsatz von Ersatzmitteln klug ist oder nicht, hängt vor allem von einer Frage ab: Wenn Ihnen einmal das Geld ausgehen

INFO

Eigenleistungen beim Bau

In der Welt der Häuslebauer ist viel von der „Muskelhypothek" zu lesen, die ebenso wertvoll sei wie Eigenkapital. Gemeint ist einfach, dass die Bauherrinnen einen Teil der Arbeiten selbst erledigen. Dazu gehören beispielsweise der Einbau von Trockenestrich, das Verlegen von Laminat, das Streichen der Wände, die Dämmung des Daches und dergleichen. Die Idee, dass auch Familie und Freunde kräftig Hand anlegen, erscheint attraktiv. Schließlich fehlt es meist an Eigenkapital, und der Gedanke klingt erst einmal romantisch.

Geringe Wirkung. Leider erkennen die Banken meist nur wenige Tausend Euro als Eigenleistung an. Viele Familien überschätzen zudem ihre Fähigkeiten und unterschätzen den nötigen Zeiteinsatz und hadern dann nach wochenlangen Mühen mit welligem Laminat oder Kurzschlüssen in der Verkabelung der Außenlampen.

Profis vor. Am besten funktioniert diese Option für Handwerker oder handwerklich geschickte Hausbauer, die genau wissen, was sie tun, und die den Zeitbedarf einzuschätzen vermögen. Trifft das auf Sie zu, können Sie durchaus Einsparungen von mehreren Zehntausend Euro herausholen. Fragen Sie in diesem Fall Ihre Bankberaterin, welche Arbeiten sich mit welchen Summen als Eigenkapital anrechnen lassen. Mehr dazu finden Sie in unserem „Bauherren-Handbuch", das Sie über test.de/shop oder im Buchhandel erhalten.

sollte, müssen Sie dann zwingend weiterhin Raten zahlen? Oder können Sie die Rückzahlung einfach aussetzen?

Alle Raten, auch für Eigenkapitalersatz, tragen jedenfalls zur monatlichen Belastung bei. Sie verringern damit Ihren Spielraum bei der Kreditaufnahme. Denn die monatlichen Ausgaben schränken Ihre Fähigkeit zur Rückzahlung der anderen Kredite ein. Dadurch streckt sich die Tilgung länger. Was also zunächst wie ein eleganter Ausweg bei Mangel an eigenem Geld klingt, ist an Bedingungen und Einschränkungen geknüpft.

Darlehen von Verwandten oder Freunden

Wie bereits erwähnt, gibt es nicht nur die Variante des geschenkten Zuschusses zum Kaufpreis. Es sind auch regelrechte Kredite unter Verwandten möglich. Um Steuern zu vermeiden, sind solche Darlehen gerade bei Hilfe durch entferntere Verwandte oft die bessere Wahl. Als Schenkung gelten hier nämlich nur die eingesparten Zinsen im Vergleich zu marktüblichen Konditionen – meist nur wenige Tausend Euro, was unterhalb der steuerlichen Freibeträge liegt.

Die Variante bietet sich auch an, wenn die ältere Generation zum Rentenbeginn zwar ein finanzielles Polster hat, das Geld aber nicht weggeben kann, weil sie es später noch selbst braucht. Das Geld lässt sich auch vollständig zinsfrei verleihen. Es empfiehlt sich aber auf jeden Fall, einen Vertrag über das Darlehen abzuschließen – auch, um die Konditionen nach außen dokumentieren zu können.

Arbeitgeberdarlehen

Diese Möglichkeit haben im Allgemeinen nur Mitarbeiter größerer Unternehmen oder des Öffentlichen Dienstes. Informieren Sie sich gegebenenfalls bei der Personalabteilung über die Optionen. Wie im Fall der Schenkungsteuer bei Darlehen von Verwandten gilt der eingesparte Zins als geldwerter Vorteil. Grundsätzlich müssten Sie ihn versteuern.

Für Kredite, bei denen dieser Wert 44 Euro im Monat nicht überschreitet, gibt es jedoch eine Ausnahme, die Zuwendung bleibt steuerfrei. Die Bundesbank bietet auf ihrer Website eine ständig aktualisierte Excel-Tabelle an: „Geldwerter Vorteil für Arbeitgeberdarlehen", der sich ein Richtzins für Wohnungsdarlehen entnehmen lässt.

Rechenbeispiel Arbeitgeberdarlehen
Marktüblicher Zins laut Bundesbank für Wohnungskredite mit mehr als 10 Jahren Laufzeit: 1,3 %
Zinsangebot des Betriebs: 0,5 %
Kreditsumme: 50 000 Euro
Zinsersparnis pro Jahr: 1,3 % – 0,5 % = 0,8 %
Zinsersparnis pro Jahr: 400 Euro (= 50 000 x 0,8 %)
Zinsersparnis pro Monat: 33 Euro (= 400 : 12)

Im Beispiel muss die Kreditnehmerin für das Arbeitgeberdarlehen also keine Einkommensteuer zahlen. Das Geschenk des Betriebs liegt unter dem Freibetrag.

In Hochzinsphasen war ein günstiges Darlehen eine Möglichkeit, den Beschäftigten jenseits des Gehalts etwas Gutes zu tun. In Niedrigzinsphasen ist die Zinsersparnis dagegen gering. Ein Vorteil entfaltet sich vor allem dann, wenn der Arbeitgeber sich bereit erklärt, nachrangig bedient zu werden. Da er im Falle von Zahlungsproblemen zum Schluss bedient wird, akzeptieren die Banken das Geld eventuell als Eigenkapitalersatz.

Auch das Arbeitgeberdarlehen ist mit Risiken behaftet. Es macht die Empfänger noch abhängiger von ihrem Betrieb. Außerdem dient der Lohn als Sicherheit für den Kredit. Es ist eben doch kein echtes Eigenkapital, sondern geliehenes Geld, und das kann immer schlaflose Nächte bereiten.

Die Verträge können sich zwar erheblich unterscheiden, doch gerade bei dem Szenario einer fristlosen Kündigung sind diese Darlehen meist sofort abzulösen. Dabei wäre genau das die Situation, in der ein Wohnungskäufer am meisten auf die schützende Wirkung seines Eigenkapitals angewiesen ist. Wenn alles gut läuft, sind Arbeitgeberdarlehen zwar eine wunderbare Hilfe. Gerade in Krisen können sie sich jedoch als rissiges Sicherheitsnetz erweisen.

UNSER RAT

Eigenkapital borgen?

Für Zinsen am Markt geliehenes Geld gegenüber der Bank als Eigenkapital auszugeben, ist nicht nur illegal, sondern ein Rezept für eine finanzielle Katastrophe.

Probleme. Die Zinsen sind meist deutlich höher als für einen Immobilienkredit, sodass dieses Konstrukt rechnerisch keinen Sinn hat und nur dazu dienen kann, die Bank zu täuschen.

Alternative. Es ist dagegen, wie hier beschrieben, völlig in Ordnung, sich zinsfrei von der Familie oder dem Arbeitgeber helfen zu lassen, wenn ein Vertrauensverhältnis besteht. Doch auch das müssen Sie der Bank sagen.

Oft kaum verzichtbar

Trotz aller Warnungen in diesem Abschnitt: Gerade heute, wo Eigenkapital im Verhältnis zum Kaufpreis so knapp ist, werden Sie kaum auf die Darlehen von Verwandten oder Arbeitgeber verzichten können, wenn sich Ihnen die Möglichkeit dazu bietet. Zwar sind auch zinslose Darlehen eine Belastung. Dennoch stellt sich die Lage gerade zwischen Eltern und Kindern in der Praxis etwas entspannter dar, wenn das Verhältnis gut ist: In Notlagen ist es hier eben meist einfacher, die Rückzahlung für eine Weile auszusetzen.

AUSFÜLLHILFE

→ S. 113

Formular A
Mein Eigenkapital

1 Kernkapital

Girokonto/Tagesgeldkonto: Wenn Ihr Girokonto am Ende jedes Monats auf null steht, tragen Sie hier nichts ein. Falls sich dort jedoch im Laufe der Zeit 30 000 Euro angesammelt haben, dann können Sie hier einen angemessenen Teil eintragen. Das Gleiche gilt für ein Tagesgeldkonto.
Umgewandeltes Riester-Vermögen: Tragen Sie hier nur ein, was Sie über die Umwandlung eines Riester-Vertrags an Barmitteln herausholen, um diese direkt zum Kauf zu nutzen. Neue Darlehen über Wohn-Riester zählen zu den Krediten.
Bausparguthaben: Tragen Sie hier das Bausparguthaben aus einem zuteilungsreifen Bausparvertrag ein. Tragen Sie das Guthaben aus einem nicht zuteilungsreifen Bausparvertrag hier nur ein, wenn Sie den Vertrag tatsächlich kündigen, um an das angesparte Geld zu kommen.
Wertpapierdepot: Bis Sie die Aktien, Anleihen, Fonds, ETF und andere im Wert schwankende Papiere verkaufen, nehmen Sie einfach den Depotwert, den Ihnen der Online-Broker anzeigt oder der sich auf Ihrem letzten Depotauszug findet. Falls Sie nicht alles in Ihre Finanzierung stecken möchten, tragen Sie nur den Anteil ein, den Sie abstoßen möchten.
Vorhandene Immobilie: Geben Sie den Wert der Immobilie nur an, wenn Sie sie verkaufen und den Erlös als Eigenkapital verwenden.
Auflösung von Rentenversicherung(en): Im jährlichen Überblick über den Stand Ihrer Kapitallebens- oder Rentenversicherung finden Sie in der Regel den aktuellen Rückkaufwert oder sogar den genauen Auszahlungsbetrag. Falls Sie nicht durchblicken, fragen Sie den Anbieter.
Hilfe von Verwandten: Hier tragen Sie nur echte Zuschüsse ohne Gegenleistung ein.
Summe Kernkapital: Hier addieren Sie alle Posten. Das ergibt das Geld, das Sie haben.

2 Eigenkapitalersatz

Arbeitgeberdarlehen: Sie sollten vorher abklären, dass Sie eine solche Hilfe vom Betrieb erhalten und dass der Kredit durch den Lohn besichert wird. Dann ist die Chance hoch, das Geld wie Eigenkapital verwenden zu können.
Familiendarlehen: Tragen Sie ein, was Sie sich von Verwandten oder Freunden leihen können.
Summe Eigenkapitalersatz: Sie addieren die Posten von Block 2. In der letzten Zeile addieren Sie dann Kernkapital und Eigenkapitalersatz und erhalten so einen Wert für Ihre Eigenmittel.

3 Noch nicht verfügbare Mittel

Diese Übersicht dient dazu, diejenigen Anlageformen zu erfassen, die Ihnen nicht sofort als Eigenkapital zur Verfügung stehen. Ein Sparbrief etwa hat ein festes Rückzahlungsdatum, das eventuell einige Jahre in der Zukunft liegt. Rentenversicherungen lassen sich oft erst in sinnvoller Weise nach dem Rentenbeginn angreifen. Für den Berater bietet diese Liste dennoch wichtige Informationen. Sie gehören zu Ihrem Finanzstatus – und möglicherweise lassen sich diese Verträge als Sicherheiten hinterlegen, um die Kreditkonditionen noch etwas zu verbessern.

4 Details zu den Verträgen

Diesen Teil auszufüllen hilft Ihnen, die richtigen Werte für die Felder zu Riester, Bausparen und Lebensversicherungsverträgen in den Teilen 1 und 3 dieses Formulars zu finden. Da diese Tabelle Teil Ihres Finanzierungsplans wird (siehe Schritt 3), sollten Sie sie mit ausfüllen. Wenn keine Bauspar-, Riester- oder andere Rentenverträge sowie keine Lebensversicherungen vorhanden sind, lassen Sie diesen Abschnitt leer.

So viel habe ich jeden Monat übrig

Die zweite Leitplanke für Ihre Kreditwürdigkeit ist Ihr laufendes Einkommen. Je mehr Sie zurückzahlen können, desto schneller werden Sie die Schulden wieder los.

Viele haben nur eine vage Vorstellung davon, wo ihr Geld hingeht. Familien wissen oft nur eines sicher: Am Monatsende ist das Konto leer. Andere sehen zwar mit Freude, dass sich auf dem Konto einiges ansammelt, kennen aber ihre tatsächlichen Möglichkeiten nicht. Vor dem Haus- oder Wohnungskauf wird es Zeit, sich hier Klarheit zu verschaffen. Immerhin kennen die meisten Angestellten einen Eckwert recht genau. Sie wissen, was jeden Monat hereinkommt.

Wenn Sie zur sofortigen Selbstnutzung kaufen, fällt die Miete nach dem Wohnungskauf weg. Dieser Betrag wird zum Abbezahlen des Kredits frei. Die bisherige Miete ist daher die Basis der künftigen Kreditraten.

Ein weiterer Anhaltspunkt ist Ihre bisherige Sparrate. Konnten Sie als Haushalt bisher jeden Monat 700 Euro zurücklegen, können Sie dieses Geld künftig in die Rückzahlung des Immobilienkredits umlenken. Dazu kommen eventuelle Einsparungen, wenn Sie beispielsweise eine teure Mitgliedschaft aufgeben oder sich anderweitig einschränken.

Die monatliche Belastbarkeit ergibt sich dann aus einer einfachen Rechnung:

→ **Einnahmen minus Ausgaben.**

Verzicht für die Wohnung?

Der Kauf einer Immobilie hat oft eine erstaunlich disziplinierende Wirkung. Das Bewusstsein, der Bank einen hohen Kredit zurückzahlen zu müssen, hält von manch unnötiger Ausgabe ab. Sie können schon vor dem Kauf abschätzen, ob Sie hinterher noch etwas für die Zahlung der Raten herausholen können, wenn Sie Ihr aktuelles Ausgabenverhalten durchleuchten. Wenn Sie sich etwas Übersicht verschaffen möchten, können Sie die Ausgaben zunächst in vier Arten einteilen:

→ **Regelmäßige, unverzichtbare Ausgaben:** Autoversicherung, Supermarkteinkäufe, Tierfutter, Monatskarte und dergleichen.

→ **Regelmäßige, verzichtbare Ausgaben:** das Abo des dritten Streaming-Dienstes, Dauerzahlungen für kaum genutzte Apps und Digitaldienste, unnötige Versicherungen und dergleichen.

→ **Unregelmäßige, unverzichtbare Ausgaben:** angemessene Kleidung für Kinder und Erwachsene, Urlaub.

→ **Unregelmäßige, möglicherweise verzichtbare Ausgaben:** oft teuer essen gehen, Anschaffungen der neuesten Technikgeräte, Spontankäufe, sehr teure Reisen.

In vielen Haushalten lässt sich einiges sparen – nicht nur bei den verzichtbaren Ausgaben, dort aber natürlich am ehesten. Sie sollten in der Phase einmal gründlich erfassen, was bei Ihnen genau los ist.

Die regelmäßigen Ausgaben können Sie ein für alle Mal in eine Tabelle eintragen und dabei schon markieren, was als notwendig und was als verzichtbar gelten kann. Dafür können Sie die digitale Version unseres Formulars B verwenden (Ausfüllhilfe, S. 25).

Im zweiten Durchgang sollten Sie Ihre laufenden Ausgaben einmal messen, indem Sie alles aufschreiben, was Sie bezahlen. Vielleicht machen Sie das längst, dann würde sich dieser Schritt erheblich verein-

UNSER RAT

Konsumkredite tilgen

Wenn Sie über Eigenkapital verfügen, aber noch ein Auto, einen Fernseher oder dergleichen abbezahlen, machen Sie oft das bessere Geschäft, indem Sie diese Konsumkredite zunächst mit dem vorhandenen Geld vollständig ablösen. Ihre Position bei der Bank sollte sich dadurch nicht verschlechtern: Auch Darlehen, die Sie abbezahlen müssen, schwächen Ihre Kreditwürdigkeit.

fachen. Die genaue Methode ist auch hier eine Typfrage. Es gibt viele leistungsfähige Handy-Apps, in deren Namen „Haushaltsbuch" oder „persönliche Finanzen" vorkommt. Wer auf Papier schwört, kann auch die japanische Kakeibo-Methode ausprobieren. Außerdem können Sie die digitale Version unseres Formulars B nutzen.

Rechenbeispiele
Bisherige Sparrate pro Monat: 700 Euro
Einsparpotenzial: 300 Euro
Miete: 1 100 Euro
Zahlungsfähigkeit: 2 100 Euro

Bisherige Sparrate pro Monat: 350 Euro
Einsparpotenzial: keins
Miete 550 Euro
Zahlungsfähigkeit: 900 Euro

Wir empfehlen die kleinteilige Erfassung der Ausgaben aus mehreren Gründen:

→ Auch gut organisierte Haushalte wissen oft nicht so genau, wohin ihr Geld eigentlich abfließt, und viele überschätzen angesichts eines ordentlichen Monatseinkommens ihre Möglichkeiten zur Rückzahlung. Indem Sie genau wissen, was mit Ihrem Geld geschieht, erhalten Sie hier Gewissheit.

→ Beim Auflisten zeigen sich oft Einsparmöglichkeiten. Muss der zweite, bezahlte E-Mail-Account wirklich sein, wenn schon ein kostenloser von einem großen Onlinedienst vorhanden ist? Brauche ich die Handyversicherung wirklich, die mir der Elektrohändler aufgeschwatzt hat? Einige fast vergessene Einzugsermächtigungen laufen auch aus Trägheit weiter.

→ Auch der Blick auf die Monatsbilanz kann Fragen aufwerfen. Müssen über 90 Euro im Monat für Cappuccino auf die Hand sein, oder ließe sich die Zahl vielleicht mit Anschaffung einer Thermoskanne halbieren? Wir wollen Ihnen den leckeren Kaffee im Pappbecher nicht vermiesen, aber wir möchten Sie zum Nachdenken anregen.

Wenn Sie das Einsparen gezielt angehen möchten, ist „Das Spar-Set" aus der gleichen Reihe wie dieser Ratgeber eine gute Hilfe. Die Formulare im Anhang des Sets sind für eine exakte Erfassung aller Ausgaben und gezieltes Sparen maßgeschneidert. Sie erhalten es unter test.de/shop oder im Buchhandel.

Alles in die Rückzahlung?

Die Differenz zwischen Ihren Einnahmen und Ausgaben ist nun im Wesentlichen das, was Sie für die Tilgung verwenden können. Vergessen Sie jedoch nicht, dass Sie auch nach dem Kauf noch monatliche Nebenkosten zahlen müssen und eine Reserve brauchen. Gerade, wenn Sie noch Kinder planen, sollten Sie Luft für die Mehrkosten Ihrer wachsenden Familie lassen.

Der Wunsch nach dem schönen Eigenheim kann übermächtig sein. Lassen Sie sich nicht verführen, Ihre Lage schönzurechnen. Bei der Erfassung der Ausgaben sollten Sie keine extremen Einschränkungen vorsehen, die Sie nicht ausprobiert haben – wer weiß, ob Sie diese langfristig durchhalten. Wenn das Immobilienvorhaben dagegen Anlass ist, unnötige Ausgaben zu kappen – umso besser.

AUSFÜLLHILFE

→ S. 113

Formular B Einnahmen und Ausgaben

Unsere selbstrechnenden Online-PDFs helfen Ihnen dabei, ohne großen Aufwand einen Überblick über Ihre Finanzen zu erhalten. Laden Sie die Dateien herunter. Die URL finden Sie auf S. 113. Speichern Sie das PDF dann auf Ihrem PC. Sie arbeiten mit dieser Kopie auf Ihrer Festplatte weiter. So kann niemand im Netz Ihre privaten Finanzinfos mitlesen.

Für den Fall, dass Sie zur Erfassung Ihrer laufenden Ausgaben lieber zunächst auf Papier zurückgreifen, statt sich an den Rechner zu setzen, stellen wir im Anhang dieses Sets auch mit dem Stift ausfüllbare Formulare bereit.

Ihre Einnahmen und die fixen Ausgaben können Sie einmalig in einer gezielten Aktion bestimmen. Es hat sich bewährt, dafür Kontoauszüge sowie Verträge zu durchstöbern, um die jeden Monat gleichen Kosten zu ermitteln.

Die laufenden, veränderlichen Kosten wie Unterwegskaffee und neue Schuhe sollten Sie mindestens einen Monat lang erfassen, um ein Gefühl für Ihre Kosten zu bekommen. Wir bieten Ihnen dafür in der Online-Version vier Tabellen an, die je eine Woche abdecken.

1 Einnahmen

1a Monatliche Einnahmen

Bei den meisten Angestellten wird hier das Monatsgehalt stehen. Sind Sie selbstständig tätig, können Sie den Erfahrungswert für Ihr mittleres Monatseinkommen angeben. Weitere Beispiele für das, was hier einzutragen ist, sind das Kindergeld, eventuelle monatliche Überweisungen von Ihren Eltern, Mieteinnahmen, andere Kapitaleinkünfte oder Schmerzensgeldrente (zum Beispiel nach einem Autounfall). Dafür steht eine Reihe leerer Zeilen zur Verfügung.

1b Wechselnde Einnahmen

Unregelmäßig hereinkommende Zahlungen gelten ebenfalls als Teil Ihres Einkommens. Nehmen Sie hier nur das auf, worauf Sie sich verlassen können. Schätzen Sie eher vorsichtig, wenn Sie die Zahlung von Honoraren für gelegentliche Einzelaufträge berücksichtigen. Sie können hier Ihr Urlaubs- und Weihnachtsgeld auf das Jahr umlegen, wenn Sie möchten. Alternative: Sie teilen Ihr Jahreseinkommen laut Gehaltsabrechnung vom vergangenen Dezember durch 12 und nehmen diese Zahl unter 1a auf. Sicherer ist es, Urlaubs- und Weihnachtsgeld als Reserve zu betrachten und gar nicht in die Einnahmen einzurechnen. Sie können sie hier aufführen, falls Sie alle finanziellen Möglichkeiten zur Ratenzahlung ausschöpfen möchten.

Berechnung Einnahmen: In der kleinen Tabelle können Sie das Festgehalt und die wechselnden Einnahmen addieren.

2 Fixe Ausgaben

Nun errechnen Sie Ihre Ausgaben. Alle Jahres- oder Halbjahresbeträge teilen Sie dafür durch die Zahl der abgedeckten Monate, weil wir am Ende einen Monatsbetrag erhalten wollen – schließlich ist die Rate für den Immobilienkredit ebenfalls monatlich zu entrichten.

Hinweis zur Miete: Für Miete und Mietnebenkosten gibt es in diesem Set, anders als in klassischen Haushaltsbüchern, kein eigenes Feld. Die Miete erfassen wir getrennt von den anderen festen Kosten, weil dieses Geld bei Selbstnutzern nach dem Kauf in die Rate fließt. Sie ist keine Ausgabe im Sinne dieses Ratgebers, weil Sie diesen Betrag nach dem Immobilienkauf für die Ratenzahlung verwenden können. In vielen Haushalten wird die frei werdende Miete sogar einen Großteil der Mittel ausmachen.

2a Gemeinsame Wohn-/Versorgungskosten

Strom, Wasser und Internet müssen Sie dagegen auch zahlen, wenn Sie im Eigenheim wohnen. Sie sind Teil Ihrer festen Ausgaben. Die Mietnebenkosten tauchen hier nicht auf, weil wir in weiteren Formularen später das Wohngeld und die Betriebskosten Ihrer Wohnung oder Ihres Hauses betrachten.

2b Fixkosten Haushaltsmitglieder

Jeder Erwachsene hat seine eigenen Mitgliedschaften, jedes Kind hat seine eigenen Kosten. Wir teilen die weiteren Fixkosten daher auf die Mitglieder Ihres Haushalts auf. Diese Arbeit hat auch den Zweck, Sparpotenziale aufzuzeigen. Sie wissen hinterher besser, wo das Geld hingeht. In einem zweiten Durchgang können Sie dann austesten, ob nicht eine höhere Rate finanzierbar ist, wenn unnötige Ausgaben wegfallen.

Erwachsene/Kinder: Als Single ohne Kinder brauchen Sie nur eine der Spalten, als kinderloses Paar füllen Sie je eine Tabelle für jeden Erwachsenen aus. Ist Nachwuchs da, können Sie die Kosten für Kita, Schulessen und dergleichen für jedes Kind in eine Zeile der entsprechenden Tabelle schreiben, oder sie addieren bei mehreren Kindern die entsprechenden Kosten gleich zusammen. Wenn Sie Kostenarten haben, die hier nicht vorgesehen sind, tragen Sie diese in die freien Felder ein. Zahlen Sie ein Zeitungsabo oder die Kfz-Haftpflicht fürs ganze Jahr im Voraus, dann teilen Sie den Wert durch 12, um ihn auf die monatlichen Kosten herunterzubrechen. Ebenso verhält es sich mit der Bahncard. Wenn Sie ein teures Hobby haben, das regelmäßig zum Beispiel Startgebühren oder die Anschaffung neuer Geräte erfordert, dann können Sie die Kosten auf den Monat herunterbrechen und sie hier in eines der freien Felder eintragen.
Die Summen der Zwischenrechnungen für die Haushaltsmitglieder tragen Sie nun bitte in die Tabelle zur Berechnung der Summe 2b ein.

2c Geldanlagen

Auch diese Ausgaben betrachten wir getrennt, weil sie aus Sicht der Immobilienfinanzierung unterschiedlich zu behandeln sind. Es gibt hier eine wichtige Unterteilung: Investitionen, die Sie nach dem Erwerb der Wohnung weiterzahlen, und solche, die Sie in die Tilgung umlenken. Aller Wahrscheinlichkeit werden Sie einen Teil der freiwilligen Einzahlungen für die monatliche Rate verwenden. Wenn Sie bisher beispielsweise einen ETF-Sparplan laufen haben, den Sie künftig nur noch mit der halben Summe bedienen, dann tragen Sie nur diese Hälfte hier als Ausgabe ein. Wenig lohnende Geldanlagen wie Überweisungen auf ein Sparkonto können Sie getrost komplett in das Immobilienprojekt umlenken. Tragen Sie hier einfach nichts ein, wenn Sie das vorhaben. In diesem Planer sind die Sparraten, die künftig nicht mehr anfallen, damit automatisch nicht mehr als Ausgaben aufgeführt, sondern auf der Habenseite. Schließlich können Sie sie nutzen, um Ihren Kredit abzuzahlen. Auch wenn Sie planen, Ihren Riester-Vertrag zu kündigen, um die Mittel als Eigenkapital zu verwenden, dann werden Sie künftig keine Beiträge zahlen müssen. Alle Werte verstehen sich pro Monat.

2d Belastungen

Dabei handelt es sich um Raten- oder Konsumkredite, die Sie noch abbezahlen. Wenn Sie etwa im Elektromarkt einen Fernseher auf Kredit gekauft haben, tragen Sie hier die Monatsraten ein. Bei Kreditrückzahlungen handelt es sich um monatliche Kosten, die Sie von Ihrem Budget abziehen müssen. Die Bank wird sich zudem dafür interessieren, welche anderen Kredite Sie eventuell laufen haben. Schulden verringern Ihre Fähigkeit zur sicheren Rückzahlung. Wenn nur noch eine ganz kurze Laufzeit übrig ist, beispielsweise bei der Finanzierung für einen Fernseher, können Sie den Posten ignorieren. Zahlen Sie Ihr Auto oder einen hohen Konsumkredit noch jahrelang ab, dann sollten Sie den Wert hier aber aufnehmen, selbst wenn die Laufzeit kürzer ist als die Ihres Immobilienkredits.

2e Umlagen variabler Einzelausgaben

Auch Urlaub und Weihnachtsgeschenke kosten Geld und sollten eingeplant werden. Überlegen Sie und listen Sie hier weitere Ausgaben auf, die mehrmals im Jahr, aber nicht monatlich anfallen. Sie müssen die Summe noch durch 12 teilen; das rechnende PDF macht das automatisch.

Gesamtberechnung fixe Ausgaben

Die Beträge aus den Zeilen mit den Zwischensummen dieses Abschnitts addieren Sie hier zur Summe der fixen Haushaltsausgaben pro Monat. Übertragen Sie dazu die Werte von 2a bis 2e in die vorbereitete Tabelle.

3 Laufende Ausgaben

Hier tragen Sie Ihre monatlichen laufenden Ausgaben ein. Wenn Sie bereits ein gedrucktes oder digitales Haushaltsbuch führen und Ihre Lage genau kennen, können Sie hier die entsprechende Zahl einfach eintragen. Sollten Sie hingegen wie die meisten Menschen nicht wissen, wo Ihr Geld hingeht, können Sie mit der digitalen Version des Formulars eine Stichprobe Ihrer laufenden Kosten nehmen. Wir haben Tabellen vorbereitet, in die Sie sie für einen Monat täglich eintragen können. Führen Sie die Stichprobe nicht im Urlaub durch, um ein realistisches Bild zu bekommen. Tragen Sie besondere Grundkosten von Urlauben (Flug, Hotel, Ferienhausmiete) besser unter Urlaubskosten in Abschnitt 2e ein.

Wenn Sie das Gefühl haben, im Testmonat besonders wenig für eine Kategorie ausgegeben zu haben (zum Beispiel wenig Kleidung gekauft haben, weil Sie sich lieber im Frühjahr und Herbst ausstatten), dann können Sie auch ein wenig „mogeln“ und einen entsprechenden Betrag dazurechnen, um ein realistischeres Bild Ihrer langfristigen Situation zu erhalten.

4 Berechnung

4a Monatsausgaben insgesamt

Hier errechnen Sie die Summe sämtlicher fixer und variabler Kosten, die Sie eingetragen haben.

4b Zahlungsfähigkeit

Das ist der monatliche Überschuss, den Sie grundsätzlich für die Kreditrate zur Verfügung haben. Er ergibt sich, indem Sie von der Gesamtsumme Ihrer Einnahmen, die Sie auf Blatt 1 dieses Formulars errechnet haben, die Ausgaben abziehen. Der Wert für die Ausgaben stammt aus der Tabelle in der Zeile darüber.
In der letzten Zeile dieser Tabelle steht das Endergebnis der Berechnungen. Sie brauchen diese Zahl im weiteren Verlauf dieses Sets für die Bestimmung Ihrer Kreditfähigkeit und für die Erstellung Ihres Finanzplans.

Nebenrechnung für den Onlinerechner

Ganz zum Schluss kommt hier doch noch einmal die Miete ins Spiel. Der Onlinerechner „So teuer darf Ihr Haus werden“ (Bedienhilfe, siehe S. 31) trennt zwischen der Miete, die später zur Ratenzahlung frei wird, und Ihrem sonstigen Zahlungspotenzial, also dem sonstigen monatlichen Überschuss. Da wir die Miete bisher ignoriert haben, ist sie in Ihrer Zahlungsfähigkeit laut Punkt 4b eingeschlossen. Um den richtigen Wert für das Feld „Wie viel haben Sie im Durchschnitt der letzten drei Jahre im Monat gespart (Euro)?“ des Rechners zu erhalten, ziehen wir die derzeitige Miete von Ihrem Endergebnis aus Feld 4b noch einmal ab.

So viel Geld kann ich mir leihen

Wenn Sie Ihr Eigenkapital und Ihre monatliche Zahlungsfähigkeit kennen, wissen Sie schon viel über Ihre Kreditfähigkeit.

Die Konditionen des Darlehens werden letztlich von zahlreichen Faktoren abhängen. Dazu gehören beispielsweise der Kaufpreis und die Lage des Objekts, die sie derzeit möglicherweise noch gar nicht kennen. Doch schon jetzt können wir anhand der Spielregeln der Banken zumindest ungefähr abschätzen, wie teuer Ihre Immobilie sein darf.

Vor allem zwei Kennzahlen begrenzen Ihre Kreditfähigkeit: das Eigenkapital und das, was Sie monatlich zahlen können.

Aus beiden Zahlen leitet sich je eine grundsätzliche Kreditobergrenze ab. Entscheidend ist dann der niedrigere Wert. Schließlich sollten Sie sich an keiner der beiden Belastungen überheben.

Eigenkapital als Hebel

Mit Ihrem eigenen Geld bezahlen Sie einen Teil des Preises und die Kaufnebenkosten selbst. Es wirkt wie ein Hebel auf den Kredit: Für jeden Euro, den Sie selbst mitbringen, kann die Bank per Kredit mehrere Euro drauflegen. Daraus ergeben sich folgende Effekte:

→ **Je mehr Eigenkapital, desto höhere Kredite sind möglich.** Aufgrund der Hebelwirkung kommen gewaltige Unterschiede zustande. Mit hunderttausend Euro mehr Eigenkapital können Sie sich unter Umständen über eine halbe Million Euro mehr Geld leihen.

→ **Je höher der eigene Anteil, desto niedriger der Zins.** Denn der Zins ist die Bezahlung für das Risiko, das die Bank eingeht, indem sie das Geld verleiht. Wenn eine Immobilie zur Hälfte selbst bezahlt ist, liegt das Ausfallrisiko für Kreditgeber bei null – sie kommen ja notfalls über eine Zwangsversteigerung des Hauses oder der Wohnung an ihr Geld. Die Bank gewährt daher einen niedrigen Zins. Wenn jemand im anderen Extrem ganz ohne Eigenkapital kaufen will und vollständig fremd finanziert, ist das Risiko sehr hoch. Falls dann der Immobilienmarkt um 20 Prozent nachgibt und der Käufer zugleich zahlungsunfähig wird, ist er prompt um diesen Anteil und die mitfinanzierten Nebenkosten überschuldet. Deshalb kosten hohe Finanzierungen über 90 Prozent des Kaufpreises deutlich mehr als beispielsweise im Bereich von 50 bis 75 Prozent.

Tilgungsfähigkeit als Limit

Im Allgemeinen ist es heute das zu geringe Eigenkapital, das der Kreditsumme die Grenze setzt – doch eben nicht immer. Sie haben nicht umsonst Ihre monatliche Belastbarkeit ausgerechnet.

Beispiel: Angenommen, eine Erbin hat plötzlich 300 000 Euro auf dem Konto und will den Eigenkapital-Hebel voll nutzen, um in der Großstadt eine Wohnung für über einer Million Euro zu kaufen. (Die Werte für Kaufpreise in diesem Abschnitt beziehen sich auf den gesamten Kaufpreis inklusive Kaufnebenkosten wie Maklergebühren und dergleichen.) Wenn sie ein Einkommen von 3 000 Euro im Monat bezieht, wird keine Bank ihr die nötigen 700 000 Euro leihen. Selbst als Gutverdienerin sollte sie sich überlegen, ob sie sich so einen großen Kredit aufladen will. Je nach Konditionen zahlt sie im Monat eine Rate von 2 000 Euro. Das würde schon ein stattliches Einkommen voraussetzen.

UNSER RAT

Eigenkapital ist Trumpf

Viel hilft viel. Mobilisieren Sie so viel Eigenkapital wie möglich. Je mehr Eigenkapital Sie mitbringen, desto besser die Bedingungen, zu denen Sie Geld leihen können. Vor allem ab 80 Prozent Fremdfinanzierung brummen die Banken ihren Kunden höhere Zinsen auf, bei über 90 Prozent sind die Aufschläge besonders hoch.

Bestzins. Top-Konditionen gibt es meist nur für Finanzierungen bis 60 Prozent. Hier ist das Risiko für die Bank nahe null. Der genaue Wert hängt auch vom Beleihungswert ab; mehr in Schritt 4.

Schwellenwerte beachten. Machen beispielsweise 20 000 Euro den Unterschied zwischen 18 und 21 Prozent Eigenkapital aus und bietet die Bank ab dieser Grenze bessere Zinsen, dann lohnt es sich meist, diesen Betrag noch aufzubringen.

Weitere Eckpunkte für den Kredit

Neben Eigenkapital und Tilgungsfähigkeit gibt es weitere Eckpunkte für den Kredit.

→ **Zins:** Der Preis des Finanzinstituts dafür, das Geld zu verleihen, ist der Zins. Ob Bank, Bausparkasse oder Versicherung – auch wenn er niedrig ist, lässt sich der Zins nicht vermeiden. Praktisch alle Angaben für den Zins, mit denen gerechnet oder geworben wird, beziehen sich auf den Jahreszins.

Das heißt: Ein Kredit über 100 000 Euro bei 2 Prozent Zinsen kostet im ersten Jahr 2000 Euro. Die wichtigste Zahl ist hier der Effektivzins, der sämtliche Kosten berücksichtigen sollte.

→ **Tilgung:** Die Kreditnehmerin muss das geliehene Geld zugleich auch zurückzahlen. Das ist die Tilgung. Bei Wohnungs- und Baufinanzierungen wird zwischen Zins und Tilgung unterschieden. Denn von der Höhe der Tilgung hängen die Laufzeit und die Kosten des Darlehens ab.

→ **Rate:** Die Rate errechnet sich aus Zins plus Tilgung. Es ist der Betrag, der jeden Monat an den Darlehensgeber zu überweisen ist. Wenn der Zins 2 Prozent und die Tilgung 4 Prozent pro Jahr betragen, zahlt der Kreditnehmer jährlich 6 Prozent der Kreditsumme. Die Monatsrate beträgt (6 : 12 =) 0,5 Prozent der Darlehenssumme. Der Jahreszins wird also auf die 12 Monate aufgeteilt.

→ **Gesamtlaufzeit:** Die Zeit in Jahren, bis der Kredit vollständig abbezahlt ist. Die Laufzeit ist in der Regel länger als die Zinsbindung.

→ **Zinsbindung:** Zeitraum, für den der vereinbarte Zinssatz gilt. Bleibt am Ende der Zinsbindung eine Restschuld übrig, ist eine Anschlussfinanzierung nötig. Sie startet mit neuer Zinsbindung und einer neu berechneten Rate aus Zins und Tilgung für den verbleibenden Betrag. Die „richtige" Zinsbindung bereitet Haus- und Wohnungskäufern erst einmal einiges Kopfzerbrechen, doch in Schritt 3 sollte sich für Sie klären, mit welchen Werten Sie seriös arbeiten können.

Mit Zins und Tilgung hat es bei der Immobilienfinanzierung eine besondere Bewandtnis: Im Verlauf der Rückzahlung sinkt der Anteil des Zinses an den monatlichen Zahlungen. Im Gegenzug steigt der Anteil der Tilgung.

Beispiel: Wir vergleichen des erste mit dem 13. Jahr von zwanzig Jahren Laufzeit.

Rechnung im ersten Jahr
Ursprüngliche Kreditsumme: 100 000 Euro
Zins: 5 Prozent
Anfängliche Tilgung: 3 Prozent
Rate pro Monat: 667 Euro
davon Zinszahlung: 417 Euro (= 5 % Jahreszins auf 12 Monate verteilt, angewandt auf 100 000 Euro)
davon Tilgung: 250 Euro (= 667 – 417 Euro)

Rechnung im 13. Jahr
Bereits abbezahlt: 50 000 Euro = Restschuld 50 000 Euro
Rate: weiterhin 667 Euro im Monat
davon Zinszahlung aktuell: 208 Euro (= 5 % Jahreszins auf 12 Monate verteilt, angewandt auf 50 000 Euro)

davon Tilgung aktuell 459 Euro (= 667 – 208 Euro)

Die Rate bleibt gleich, aber der Anteil der Tilgung, die darin enthalten ist, steigt immer weiter an. Das liegt daran, dass immer weniger Zinsen zu bezahlen sind. Schließlich bezieht sich der Zins auf die Restschuld. Und die sinkt immer weiter. In den letzten Jahren der Laufzeit geht das Geld des Schuldners fast ausschließlich in die Tilgung.

Wo liegt meine Schmerzgrenze?

Wenn Sie sich auf die Suche nach einer Immobilie machen, brauchen Sie einen Anhaltspunkt für den Preisbereich, in dem Sie sich umsehen. Es hat schließlich keinen Sinn, wunderbare Objekte zu besichtigen, nur um später festzustellen, dass deren Preise weit jenseits Ihrer Möglichkeiten liegen.

Wir bieten in diesem Schritt einen ersten Ausgangspunkt für den Beginn Ihrer Immobiliensuche. Je nach Ihrer Bonität, dem Bundesland, den Maklergebühren, der Zinsentwicklung und abhängig von Lage und Größe des Objekts kann Ihr tatsächliches Limit auch niedriger oder höher liegen.

Sie haben aber jetzt bereits wichtige Infos, mit denen Sie einen vorläufigen Höchstpreis für Ihre Suche abschätzen können:

→ Ihr Eigenkapital und Ihre
→ monatliche Belastbarkeit, also die maximale Rate.

Damit können Sie den Onlinerechner 1 „So teuer darf Ihr Haus werden" füttern, um einen ersten Anhaltspunkt für Ihre Kreditfähigkeit zu erhalten. Eine Anleitung für den Rechner finden Sie auf der gegenüberliegenden Seite.

Wenn Sie lieber selbst rechnen, um zu verstehen, welche Auswirkungen die Werte haben, dann können Sie wie folgt vorgehen.

→ **Erste Leitplanke, das Eigenkapital:** Für eine solide Finanzierung brauchen Sie mindestens 10, besser 20 Prozent des Kaufpreises als Eigenkapital und zusätzlich Geld für die Kaufnebenkosten. Als einfachste Faustregel multiplizieren Sie Ihr Eigenkapital mit 5, um diese maximale Grenze zu finden.

Beispiel 1 mit knappem Eigenkapital
Eigenkapital: 150 000 Euro
x 5 =
Maximaler Kaufpreis: 750 000 Euro
Das unterstellt:
Eigenkapitalanteil: 10 Prozent
Nebenkosten: 10 Prozent des Kaufpreises
Maximale Kreditsumme: 675 000
Gesamtkosten: 825 000

Sie können auch vorsichtiger rechnen und die Preisobergrenze beim 3,3-Fachen des Eigenkapitals setzen – dann kommen Sie in die Nähe einer Finanzierung, auf die sich die meisten Banken fast sicher einlassen.

Beispiel 2 mit solidem Eigenkapital (20 Prozent)
Eigenkapital: 150 000 Euro
x 3,3 =
Maximaler Kaufpreis: knapp 500 000 Euro
Nebenkosten: 10 Prozent des Kaufpreises
Maximale Kreditsumme: 400 000
Gesamtkosten: 550 000

→ **Zweite Leitplanke, die Rate:** Mit Formular B können Sie Ihren monatlichen Überschuss schätzen. Davon ziehen Sie die erwarteten Wohnkosten nach dem Kauf ab. Die Faustregel dafür lautet: 4 Euro pro Quadratmeter. Wenn Sie planen, eine Wohnung im Bereich von 80 bis 120 Quadratmeter zu kaufen, sollten Sie von Ihrem Budget also noch einmal 400 Euro abziehen. Das ist dann die Zahlungsfähigkeit für die Rate. Diesen Wert nehmen Sie mal 250. Das Ergebnis können Sie als Anhaltspunkt für Ihre Objektsuche verwenden.

BEDIENHILFE ONLINERECHNER 1

So teuer darf Ihr Haus werden

Anders als im Onlinerechner Nummer 2 „Mein Immobilienkredit" geht es hier nicht darum, Ihre möglichen Kreditkonditionen und die Rückzahlungszeiten durchzuspielen. Mit diesem Rechner können Sie gezielt Ihre Obergrenze für die bevorstehende Objektsuche ermitteln. Sie finden die URL für den Rechner auf S. 113.

1. Welche Monatsrate können Sie sich leisten?

Wie hoch ist Ihre aktuelle Miete (Euro)?

Der Rechner schätzt die monatliche Leistungsfähigkeit anhand der aktuellen Miete und den bisherigen monatlichen Sparzahlungen. Tragen Sie hier also zunächst Ihre Miete ein.

Wie viel haben Sie im Durchschnitt der letzten 3 Jahre im Monat gespart (Euro)?

Diese Frage bezieht sich auf ihre monatliche Zahlungsfähigkeit. Geben Sie hier Ihre Überschüsse ohne die Miete gemäß Formular B an. Das Feld findet sich ganz unten im Abschnitt Berechnung (4c).

Wie groß soll Ihr Eigenheim sein (m²)?

Der Onlinerechner stellt diese Frage, weil er im nächsten Schritt Ihre Nebenkosten pro Monat berechnet.

Pauschale für Kosten pro m² und Monat (Euro)

Diese Frage betrifft für Wohnungskäufer die Nebenkosten wie Aufzug, Treppenhausreinigung und Rücklagen für künftige Instandhaltungen, also das Wohngeld für die Eigentumswohnung. Die selbst genutzte Wohnung schützt eben nur vor der Miete, nicht vor Nebenkosten. Der Richtwert beträgt hier 4 Euro.

2. Wie viel Kredit können Sie damit aufnehmen?

Wann wollen Sie spätestens schuldenfrei sein (Jahre)?

Als Faustregel sollten Sie versuchen, die Schulden im Rahmen Ihrer Möglichkeiten möglichst schnell abzubauen – Sie sparen dadurch Zinszahlungen. Falls Sie noch jung sind und derzeit wenig Geld haben, können Sie den Kredit jedoch durchaus auf eine lange Laufzeit strecken. Sie erhalten dann eine niedrigere Rate angezeigt. Wer über 40 Jahre alt ist, muss sich dagegen beeilen und im Monat mehr aufwenden, wenn er nicht hohe Schulden mit ins Rentenalter nehmen will. Experimentieren Sie hier mit den Werten.

Aktueller Zinssatz (Prozent)

Sie finden aktuelle Richtwerte auf unserer Webseite unter test.de/hypothekenzinsen (mit einer Flatrate kostenlos). Im ersten Feld ist nicht Ihr Eigenkapitalanteil an den Gesamtkosten gefragt, sondern umgekehrt der Anteil Ihres Kredits am Kaufpreis. Beispiel: Bei 20 Prozent geschätztem Eigenkapitalanteil klicken Sie auf 80 Prozent Darlehensanteil. Wenn Sie bei der Zinsbindung unsicher sind, nehmen Sie 15 Jahre. Wählen Sie bei den Ergebnissen eine Zahl aus dem Mittelfeld und füttern Sie den Rechner damit.

3. Welchen Kaufpreis können Sie damit finanzieren?

Verfügbares Eigenkapital (Euro)

Ihr Vermögen gemäß Formular A.

Kaufnebenkosten (Prozent)

Die Zusatzkosten fallen je nach Bundesland unterschiedlich aus. Lassen Sie im Zweifelsfall den voreingestellten Wert stehen.

UNSER RAT

Hausgeld berücksichtigen

Nebenkosten. Auch Eigentümer müssen Nebenkosten zahlen. Im Mehrparteienhaus tragen sie gemeinsam Verantwortung für den Erhalt des Gebäudes. Unter das „Hausgeld" fallen daher oft andere Posten als unter die Mietnebenkosten. Wenn Sie bereits ein Objekt im Auge haben: Informieren Sie sich, wie hoch die laufenden Wohnnebenkosten Ihrer Eigentumswohnung sein werden.

Rücklagen. Im Hausgeld enthalten sind erhebliche Rückstellungen für den Werterhalt des Gebäudes. Die nächste Sanierung kommt bestimmt. Ein Dach muss rund alle 40 Jahre neu gedeckt werden, die Außenwände brauchen einen Anstrich, und der Fahrradunterstand setzt Rost an.

Richtwert. Nehmen Sie im Zweifelsfall 4 bis 4,50 Euro pro Quadratmeter an. Dieser Betrag geht von Ihrem monatlichen Budget ab.

Beispiel 1
Monatlicher Überschuss: 2 000 Euro
Durchschnittliche Wohnungsgröße bei der Suche: 120 Quadratmeter
x 4 = erwartete Nebenkosten: 480 Euro
Rate (abgerundet): 1 500 Euro
Kreditobergrenze: 1 500 x 250 = 375 000 Euro

Dieser Rechenweg geht von knapp 1,5 Prozent Zinsen und 3,5 Prozent anfänglicher Tilgung aus. Mehr dazu erfahren Sie in den Schritten 2 bis 4.

Beispiel 2
Monatliche Belastbarkeit: 950 Euro
Erwartete monatliche Nebenkosten: 300 Euro
Maximale Rate: 950 Euro – 300 Euro = 650 Euro
x 250
Kreditobergrenze 162 500 Euro

Der niedrigere Wert gilt

Sie müssen sich Ihren Kredit sowohl vom Eigenkapital als auch von der Monatsrate her leisten können. Daher gibt der niedrigere der beiden Grenzwerte, die Sie hier ausgerechnet haben, den Ausschlag.

Die errechneten Zahlen mögen Ihnen gering vorkommen – manche Berater und manche Website machen Hoffnung auf mehr. Doch bitte lassen Sie sich nicht davon täuschen. Wenn Sie eine geringere anfängliche Tilgung wählen, können Sie ihren Rahmen zwar weiter ausreizen, wie dieses Beispiel zeigt:

Beispiel 3
Monatliche Belastbarkeit: 950 Euro
Erwartete monatliche Nebenkosten: 300 Euro
Maximale Rate: 950 Euro – 300 Euro = 650 Euro
Aktueller Marktzins: 1 %
Anfängliche Tilgung: 2 %
Belastung: 3 %
Kreditobergrenze: 260 000 Euro

In den Beispielen 1 und 2 waren wir von 3,5 Prozent Tilgung ausgegangen. Die niedrige Tilgung im dritten Beispiel hat zur Folge, dass sich die Rückzahlung über einen sehr langen Zeitraum erstreckt – 41 Jahre. Daher ist eine solche Finanzierung für viele Käufer nicht uneingeschränkt empfehlenswert. Für junge Familien kann jedoch unter Umständen auch eine Finanzierung, die so lange läuft, durchaus eine Option sein.
Fazit: Es ging in diesem Abschnitt darum, einen ersten Eckwert für das noch vertretbar Mögliche zu finden. Doch grundsätzlich ist es nicht empfehlenswert, die eigenen Möglichkeiten bis zum Maximum auszureizen. Mit viel Luft in der monatlichen Kalkulation leben Sie deutlich stressfreier, als wenn sie auf Kante genäht ist. Und wenn Sie es sich leisten können, sollten Sie eher mit einer höheren Tilgung einsteigen.

BEDIENHILFE ONLINERECHNER 2

Mein Immobilienkredit

Sie sollten am besten selbst etwas mit den verschiedenen Einflussfaktoren wie Zins, Tilgung und Kreditsumme experimentieren, um so ein Gefühl für deren Auswirkungen auf Ihre Finanzierung zu erhalten. Wir haben dafür für Sie einen passenden Onlinerechner bereitgestellt. Die URL für den Rechner finden Sie auf S. 113.

Kreditsumme: Tragen Sie hier die Kreditsumme ein, die Sie von der Bank benötigen. Die Berechnung dafür lautet:

Kreditsumme = (Kaufpreis plus Nebenkosten) minus Eigenkapital

Zinsbindung: In der aktuellen Niedrigzinsphase ist eine lange Zinsbindung sinnvoll – vor allem wenn Sie sich keine hohe Rate leisten und die Schulden nur langsam abbauen können.

Sollzinssatz: Aktuelle Zinssätze finden Sie auf test.de/hypothekenzinsen und meist auch auf den Internetseiten von Banken und Kreditvermittlern. Wenn Sie bereits ein konkretes Kreditangebot eingeholt haben, geben Sie den entsprechenden Sollzinssatz ein.

Tilgungsvariante: Sie können wählen, ob Sie für die Kreditberechnung den Tilgungssatz oder die Monatsrate vorgeben oder ob das Programm die Rate berechnen soll, die nötig ist, um den Kredit während der Zinsbindung vollständig zu tilgen (Volltilgerdarlehen).

Tilgungssatz: Wenn Sie kein Volltilgerdarlehen wählen, verlangt der Rechner entweder die Angabe der anfänglichen Tilgung oder der Monatsrate. Grundsätzlich gilt: je mehr Sie tilgen können, desto besser. 1 Prozent ist zu knapp, 2 Prozent sind noch gerade OK, 3 Prozent sind gut, 4 sehr gut, 5 hervorragend.

Monatsrate: Die dritte Rechenvariante geht von Ihrer monatlichen Leistungsfähigkeit aus, die Sie ebenfalls in diesem Schritt bereits ermittelt haben. Geben Sie hier Ihre Rate an, die Sie monatlich aufbringen können und wollen – maximal ist das Ihre monatliche Leistungsfähigkeit minus die erwarteten monatlichen Nebenkosten in Eigentumswohnung oder Haus.

Sondertilgungen: Der Rechner berücksichtigt wahlweise auch jährliche oder einmalige Sondertilgungen. Tragen Sie aber nur Sonderzahlungen ein, wenn Sie sicher sind, dass Sie die Beträge auch aufbringen können.

Tilgungsplan: Der jährliche Plan ist übersichtlicher, der monatliche stellt den Verlauf der Zahlungen detaillierter dar. Wir benötigen diese Funktion noch einmal in Schritt 3.

Ergebnisse: Im ersten Jahr sind die Summen etwas niedriger, wenn Sie das Geld nicht zum 1. Januar auszahlen lassen, weil sie nur anteilig angezeigt werden. Die Summe der Spalte „Zins" ganz unten ist das Geld, das Sie an die Bank verlieren. Sie können gut erkennen, wie der Anteil der Tilgung steigt und der des Zinses sinkt.

Schritt 2

Die Kosten berechnen

Im zweiten Schritt gehen wir bei den Kosten ins Detail. Sie ahnen es bereits: Der reine Kaufpreis ist erst der Anfang – es drohen zahlreiche Zusatzkosten. Falls Sie bereits ein Traumobjekt im Auge haben, können Sie nun einen Schnellcheck machen: Kann ich es mir grundsätzlich leisten – oder bleibt es ein Luftschloss?

Die wahren Kosten kennen

Viele Käufer sind entsetzt, was neben dem Kaufpreis noch alles auf sie zukommt. Vermeiden Sie den Schock, indem Sie vorher genau rechnen.

An Ihrem Immobilienerwerb verdienen leider eine ganze Menge Leute mit: Makler, Notar und auch der Staat. Als Richtwert können Sie 11 Prozent des Kaufpreises als Nebenkosten annehmen. Auf 300 000 Euro Kaufpreis wären das 33 000 Euro. Die Zahl kann jedoch niedriger oder höher ausfallen.

Kalkulieren Sie vorsichtig. Falls die Nebenkosten sich höher erweisen als erwartet, dann müssen Sie mehr Eigenkapital dafür mobilisieren. Das wiederum bewirkt eventuell höhere Zinsen, weil der Bank weniger Sicherheiten bleiben – und das verteuert den Kauf langfristig.

Wenn die tatsächlichen Nebenkosten dagegen niedriger ausfallen als veranschlagt, ist das nicht optimal, aber verschmerzbar. Ist der Kredit schon unter Dach und Fach, behalten Sie Geld übrig, das Sie als Eigenkapital hätten einsetzen können, um niedrigere Zinsen herauszuholen. Das ist schade, aber nicht schlimm: Immerhin können Sie es in die Ausstattung der Wohnung stecken oder Ihre Rücklagen aufpolstern.

Preis-Psychologie

Käufer haben eine Neigung, vor allem auf den ausgehandelten Preis zu achten und die Zusatzkosten erst einmal auszublenden. Das ist einer der Gründe dafür, warum die Makler ihre Provision früher gerne allein dem Käufer aufgeladen haben. Die begeisterte Familie sieht dann zunächst das schöne Haus und nimmt erst einmal nur den angegebenen Preis wahr. Sie vergleicht diesen mit anderen Angeboten am Markt und mit ihren Möglichkeiten – und findet ihn bezahlbar. Es folgt ein Schreck, wenn die Nebenkosten in Höhe von mehreren Zehntausend Euro fällig werden und aus dem Eigenkapital beglichen werden sollen.

Wenn der Listenpreis dagegen bereits durch eine Maklerprovision auf Verkäuferseite hochgetrieben wurde, dann lässt sich das Objekt erfahrungsgemäß schwerer anbieten. Es liegt also im Interesse der Anbieter, den Preis auf der Immobilienwebsite möglichst niedrig zu halten und viele Kosten nach hinten zu verlagern. Sie sollten sich davon nicht täuschen lassen. Nüchtern betrachtet zahlt der Käufer aus seinen vorhandenen Mitteln auf jeden Fall auch die Maklerprovision. Es ist gleichgültig, ob der Käufer sie dem Preis zurechnet oder ob der Makler sie später aufschlägt. Lassen Sie sich von solchen Verschiebetricks nicht blenden.

Einige Nebenkosten kennen Sie erst spät im Kaufprozess genau. Es empfiehlt sich dennoch, diese Posten schon früh mit Schätzwerten in die Planung einzubeziehen. Wenn Sie schon ein konkretes Objekt im Auge haben und mit Makler oder Verkäufer in Kontakt sind, dann können Sie hier schon detaillierte Infos einholen.

Immer höhere Aufschläge

Die Kaufnebenkosten sind weiter gestiegen. Eine Wohnung im Wert von 390 000 Euro kostet dadurch in einigen Großstädten schon knapp 450 000 Euro. Doch selbst da, wo die Kosten noch moderat sind, werden aus 250 000 leicht 280 000 Euro. Sie können es sich also buchstäblich nicht leisten, die Nebenkosten auszublenden.

Der Makler

Sie sollten den Makler fragen, wie hoch die Käuferprovision ausfällt. Es ist gesetzlich vorgeschrieben, dass die Verkäufer mindestens die Hälfte der Kosten tragen müssen, wenn sie den Makler beauftragt haben. Falls Sie als Käufer den Makler auf die Suche schicken, müssen Sie Ihrerseits mindestens die Hälfte der Provision bezahlen. In vielen Fällen wird das auf eine Aufteilung auf rund 3,5 Prozent des Kaufpreises für den Verkäufer und rund 3,5 Prozent für den Käufer hinauslaufen.

Es sind aber weiterhin zahlreiche andere Varianten möglich. Wenn der Makler beispielsweise komplett vom Verkäufer bezahlt wird, dann bietet er die Objekte auf seiner Webseite oft „provisionsfrei" an, obwohl er eine Provision erhält. Immerhin ist diese dann jedoch schon im Preis enthalten. Wenn der Makler schon von der Verkäuferseite beauftragt ist und das Objekt bereits anbietet, liegt es nicht in Ihrer Macht, die Bedingungen zu ändern – Sie sollten sich aber auf jeden Fall Klarheit verschaffen, welche Kosten hier genau auf Sie zukommen. Zur Maklerprovision kommt noch die Mehrwertsteuer hinzu.

Der Notar

Die Notargebühren und die Kosten auf dem Amt für die Eintragung im Grundbuch müssen in der Regel Sie als Käufer allein bezahlen, sie kommen also auf jeden Fall auf die Liste der unumgänglichen Zusatzkosten. Als Faustregel sollten Sie 1,5 Prozent des Preises für diese Posten einplanen. Davon entfallen 1 Prozent auf den Notar, 0,5 Prozent gehen ans Grundbuchamt. Bei teuren Immobilien sind es eher weniger. Die Notare befinden sich in der komfortablen Situation, dass ihre Gebühren vom Wert des Objekts abhängen, das den Besitzer wechselt.

Praxisbeispiel Notargebühren
Kaufpreis: 380 000 Euro
Dienstleistungen: Kaufvertrag beurkunden und Grundschuld eintragen lassen (180 000 Euro)
Notargebühr: 3 200 Euro
Grundbuchgebühren: 1 600 Euro
Zusammen: 4 800 Euro

Sie werden im Verlauf Ihres Kaufvorhabens mehrfach vom Notar hören und erhalten auch mehrere Rechnungen von ihm. Nur die wenigsten Käufer oder Bauherren schaffen es, alles in einem Termin zu erledigen. So gibt es oft einen eigenen Termin für den Antrag auf Grundschuldbestellung. Bei mehreren Parteien, die gemeinsam ein Haus bauen, kann es Abstimmungsbedarf zur Teilungserklärung geben, der notariell beurkundet sein will. Manchmal schließt sich noch der Kauf eines Tiefgaragenplatzes an – und so weiter. Jedes Mal schickt die Kanzlei eine dicke Rechnung, manchmal noch Jahre nach dem Kauf.

Der Staat

Der Notar informiert als Teil seiner Dienste auch das Finanzamt, das sich ebenfalls brennend für Immobilientransaktionen interessiert. Schließlich verdient es über die Grunderwerbsteuer ordentlich mit. Die Grunderwerbsteuer unterscheidet sich je nach Bundesland. In Nordrhein-Westfalen, Thüringen, Schleswig-Holstein, Brandenburg und dem Saarland ist sie mit 6,5 Prozent besonders hoch, im übrigen Bundesgebiet beträgt sie zwischen 3,5 und 6 Prozent.

Beispiel Grunderwerbsteuer
Kaufpreis: 380 000 Euro
Bundesland: Bayern
Steuersatz: 3,5 %
Zu erwartende Steuer: 13 300 Euro

INFO

Das Grundbuch

Beim Grundbuch handelt es sich um ein öffentliches Register des für die Gemeinde zuständigen Amtsgerichts, in dem steht, welche Immobilie wem gehört. Hier findet sich auch der Eintrag über die Grundschuld oder Hypotheken. Dieser besagt, dass die Bank das Objekt in die Zwangsversteigerung bringen kann, falls der Darlehensnehmer den Kredit nicht wie versprochen zurückzahlt. Um den Eintrag kümmert sich der Notar.

Für unseren Beispiel-Kauf sind jetzt also schon gut 18 000 Euro an Kosten zusammengekommen.

Je nachdem, wie schnell die Beamten in der jeweiligen Gemeinde sind, dauert es zwischen sechs Wochen und mehreren Monaten, bis das Finanzamt den Bescheid über die Grunderwerbsteuer schickt. Manche Käuferinnen in Städten mit einem überlasteten Grundbuchamt haben schon fast vergessen, dass noch eine Zahlung lauert, wenn die Post vom Finanzamt im Briefkasten landet. Schließlich leben sie längst behaglich in den eigenen vier Wänden. Es ist eben nicht so, dass die Kaufnebenkosten ganz am Anfang anfallen. Die Rechnungen und Zahlungsbescheide flattern über einen längeren Zeitraum ins Haus.

Ausstattung und Umzug

Mit dem Erwerb der Immobilie ist es nicht getan. Sie müssen Geld für all das zurücklegen, was Sie später einbauen wollen: Küche, neue Toiletten und dergleichen. Eventuell brauchen Sie auch andere Möbel als bisher. Wie viel das alles kostet, sollten Sie rechtzeitig in Erfahrung bringen.

Vor allem beim Hauskauf kann das ein erheblicher Posten sein. Schließlich müssen Sie hier auch an viele Details wie die Bepflanzung und Beleuchtung des Gartens und das Anbringen eines Briefkastens denken. Es bleibt Ihnen nichts anderes übrig, als dafür einen Teil Ihres Eigenkapitals zurückzulegen.

Das Gleiche gilt für den Umzug von der alten in die neue Wohnung. Die Banken finanzieren die Ausstattung und den Umzug im Allgemeinen nicht über den Immobilienkredit mit. Denn ihnen bleiben davon keine langfristige Sicherheiten, die günstige Konditionen rechtfertigen würden.

Renovierung, Modernisierung oder Sanierung

Falls Ihr Wunschobjekt nicht in perfektem Zustand ist, müssen Sie mit vielen weiteren Kosten rechnen.

→ **Renovierung.** Darunter fallen Streichen, Lackieren, Tapezieren oder das Verlegen neuer Teppiche. Bei der Renovierung geht es um die vergängliche Schönheit einer Wohnung oder eines Hauses, nicht um Schäden an der Substanz. Auch dafür können Sie einen Immobilienkredit in der Regel nicht verwenden.

→ **Sanierung.** Manchmal ist jedoch mehr nötig. Wenn beispielsweise der Schwamm in der Wand oder den Dachbalken sitzt, müssen aufwendigere Bauarbeiten stattfinden. Anders als die Ausstattung oder die einfache Renovierung können Sie diese in vielen Fällen dem Hypothekenkredit mit aufladen – Sie erhöhen damit schließlich den Wert der Immobilie. In diese Kategorie fällt es auch, einen neuen Parkettboden in einer Wohnung zu verlegen oder das Dach eines Hauses neu decken zu lassen.

→ **Energetische Modernisierung.** Besonders viele Fördermöglichkeiten gibt es für An- und Umbauten oder Änderungen, mit denen sich Energie oder Wasser sparen lassen. Dazu gehören bessere Wärmeisolierung, moderne Fenster mit Zwei- oder Dreifachverglasung, eine Solaranlage oder eine neue Heizung. Wenn Sie ein Haus kaufen und es entsprechend umweltfreundlich aufwerten, kommen diese Programme infrage. Mehr dazu in Schritt 3. Bei Eigentumswohnungen betreffen diese Entscheidungen oft das ganze Gebäude und müssen gemeinsam entschieden werden.

Zweimal Nebenkosten

Das Wort „Nebenkosten" hat beim Immobilienerwerb zwei Bedeutungen. Da sind erstens die Zusatzkosten beim Kauf. Zweitens gibt es noch die laufend anfallenden Kosten des Wohnens in dem Haus oder der Wohnung. Beide Arten von Nebenkosten sind sehr unterschiedlicher Natur. Schließlich fallen die einen nur einmal an und die anderen jeden Monat beziehungsweise jedes Jahr aufs Neue. Wenn Sie als Käufer Ihre Finanzplanung aufstellen, müssen Sie jedoch auch berücksichtigen, wie teuer es später sein wird, die Immobilie einfach nur zu besitzen und zu bewohnen.

Beim Hauskauf erfordern die Folgekosten aktive Überlegungen von Ihrer Seite. Wenn Sie ein Haus kaufen, landen laufend neue Zahlungsaufforderungen und Rechnungen in Ihrem Briefkasten. Der zweite Teil von Formular D gibt Ihnen die Möglichkeit, sich schon vorher einen Überblick zu verschaffen. Als Käufer einer Eigentumswohnung treten Sie dagegen in eine Struktur ein, in der die laufenden Nebenkosten meist von der Eigentümergemeinschaft weitgehend festgelegt sind.

In Formular B haben wir Ihre Zahlungsfähigkeit für die Rate ermittelt und dafür zunächst Ihre Mietnebenkosten abgezogen. Bei der Berechnung Ihres genauen Finanzrahmens und zur Erstellung Ihres Finanzierungsplans müssen Sie leider die laufenden Nebenkosten nach dem Kauf wieder draufschlagen. Oder anders gesagt: Sie ziehen die laufenden Nebenkosten von dem Budget ab, das Ihnen nach dem Kauf jeden Monat zu Verfügung steht.

Die Grunderwerbsteuer in den Bundesländern

Die Bundesländer setzen die Steuern für den Grundstückskauf nach eigenem Ermessen fest.

Bundesland	Steuersatz
Baden-Württemberg	5,0 %
Bayern	3,5 %
Berlin	6,0 %
Brandenburg	6,5 %
Bremen	5,0 %
Hamburg	4,5 %
Hessen	6,0 %
Mecklenburg-Vorpommern	5,0 %
Niedersachsen	5,0 %
Nordrhein-Westfalen	6,5 %
Rheinland-Pfalz	5,0 %
Saarland	6,5 %
Sachsen	3,5 %
Sachsen-Anhalt	5,0 %
Schleswig-Holstein	6,5 %
Thüringen	6,5 %

Stand: Januar 2021

Nebenkosten

Zusammensetzung typischer Nebenkosten für Haus- und Wohnungskauf. Die Grunderwerbsteuer ist in beiden Fällen ein großer Posten.

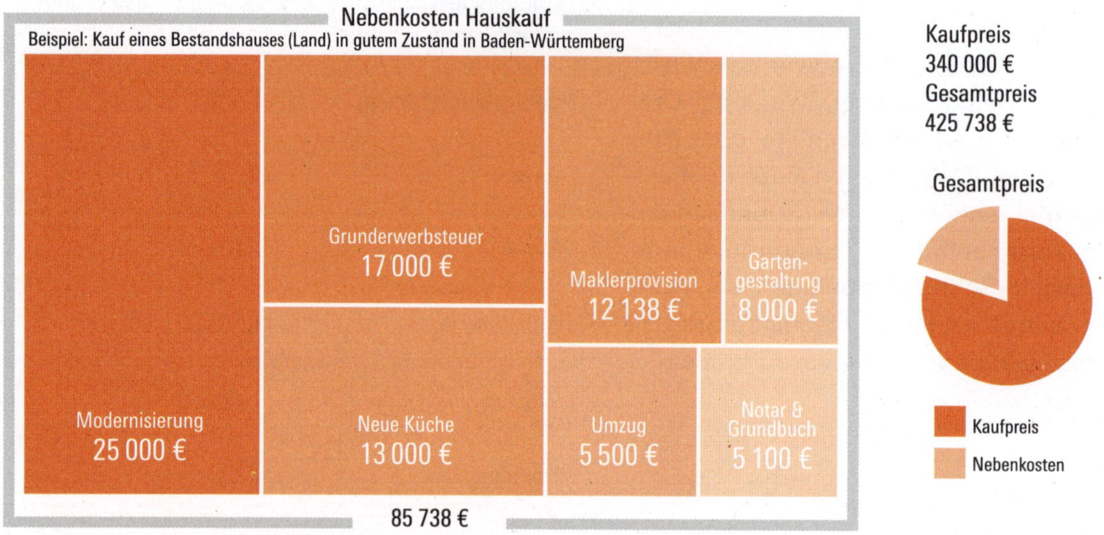

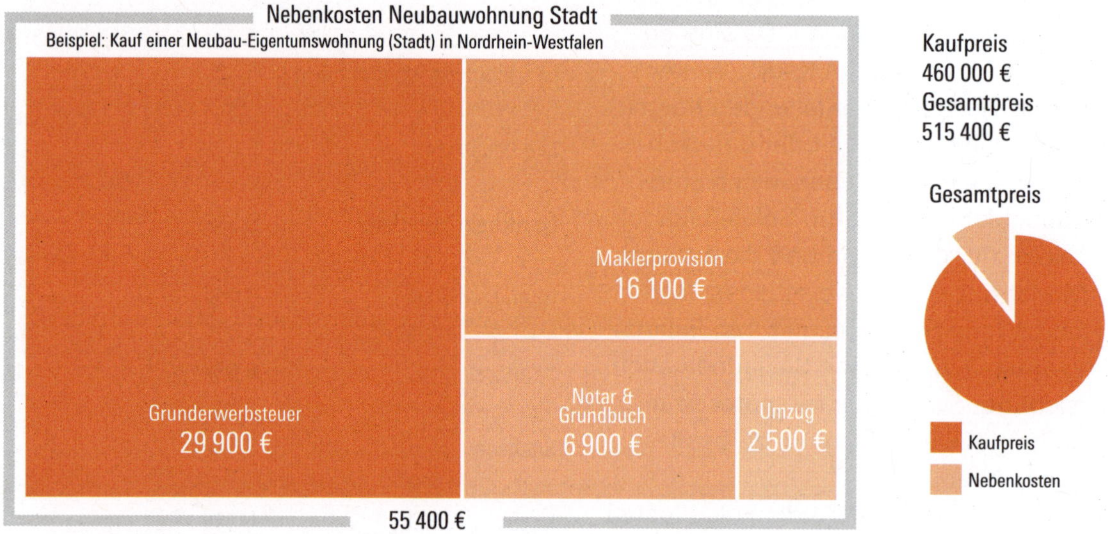

Die laufenden Nebenkosten

Für Ihre Rechnung beachten sollten Sie vor allem drei wichtige Posten:

➔ **Grundsteuer.** Grundstücks-, Haus- und Wohnungsbesitzer müssen die Grundsteuer an die Gemeinde entrichten. Bund und Länder haben sie reformiert, doch bis 2025 gilt noch das alte Verfahren zu ihrer Berechnung. Für die überfällige Reform gab es einen guten Grund: Der geltende Rechenweg ist irrwitzig kompliziert und lebensfern. Es fängt mit der Grundlage für die Berechnung an. Die Grundlage ist nicht etwa der aktuelle Wert, sondern geht von der Jahreskaltmiete für das Objekt in Preisen des Jahres 1964 (West) beziehungsweise 1935 (Ost) aus. Diese fiktive Zahl wird mit einer Messzahl multipliziert. Auf das Ergebnis wird nun der sogenannte Hebesatz angewandt. Dieser drückt den Anteil der Gemeinde aus. Kaum jemand rechnet das selbst durch – und in der Tat gibt es eine Abkürzung. Fragen Sie die Vorbesitzer oder den Immobilienentwickler nach der zu erwartenden Grundsteuer. Falls Sie von Grund auf neu bauen und der Bauplaner Ihnen noch keinen Wert nennen

AUSFÜLLHILFE

→ S. 113

Formular C
Nebenkosten Wohnungskauf

Das Formular ist in zwei Formen der Nebenkosten unterteilt: (1) in die einmaligen Nebenkosten beim Kauf und (2) in die laufenden, die künftig jeden Monat anfallen.

1 Einmalige Kaufnebenkosten

1a Aus dem Eigenkapital zu entnehmen

Die Summe der Posten dieses Abschnitts ziehen Sie in Ihrer Gesamtrechnung vom Eigenkapital ab, bevor Sie damit eine mögliche Kreditsumme errechnen. Der eigentliche Rechenschritt kommt später in Formular J; hier bereiten Sie ihn vor. Der Grund: Ein Kreditkunde kann der Bank kein Eigenkapital anbieten, das er noch für die Notarin oder die neue Küche benötigt. Es gibt zwar mehr und mehr Fälle, in denen die Banken diese Kosten mitfinanzieren. Wir gehen hier jedoch zunächst nicht von so einer riskanten Finanzierungsform aus.

Maklerprovision: Sie multiplizieren Ihren Anteil an der Provision mit dem Kaufpreis. Bei einer Provision von 3,5 Prozent nehmen Sie den Preis also mal 0,035.

Notar & Grundbuch: Multiplizieren Sie den Kaufpreis mit 1,5 Prozent, um einen Richtwert für die Notar- und Grundbuchkosten zu erhalten.

Grunderwerbsteuer: In unserer Tabelle auf S. 39 können Sie nachsehen, wie hoch der Steuersatz in Ihrem Bundesland ist. Multiplizieren Sie den Steuersatz mit dem Kaufpreis.

Umzug: Wenn Sie alles selbst machen, fallen hier nur die Kosten für den Mietlaster und die Kartons an. Lassen Sie dagegen den Inhalt einer 150-Quadratmeter-Wohnung zwischen zwei entfernten Städten von einer Firma transportieren, kostet der Umzug schnell 2 000 Euro oder deutlich mehr – je nach gebuchten Leistungen.

Ausstattung: Kosten für eine Küche, neue Möbel, Lampen und dergleichen.

Renovierung: Zur Renovierung zählt alles, was mit Schönheit zu tun hat. Darunter fallen beispielsweise Anstriche, neue Tapeten und Teppiche.

Wertgutachten: Ein Wertgutachten erübrigt sich in vielen Fällen. Makler oder Bank bewerten die Immobilie meist in einem vereinfachten Schnellcheck kostenlos. Wenn Sie selbst einen Profi beauftragen, dann wundern Sie sich nicht, wenn es teuer wird: Die Gebühren errechnen sich aus dem Wohnungswert.

1b Teil der Objektkosten

Diese Posten können Sie über das Immobiliendarlehen mitfinanzieren oder erhalten zumindest bei der Bank nach Rücksprache dafür einen zusätzlichen Kredit zu günstigen Bedingungen.

Sanierung/Modernisierung: Wenn Sie Ihr Objekt bereits kennen und wissen, was gemacht werden soll, besorgen Sie sich Kostenvoranschläge und tragen die Summen hier ein. Sie brauchen diese Werte später auch für die Bank. Es kann aber sein, dass die Bank die Modernisierungskosten nur zu einem Teil als werterhöhend berücksichtigt.

2 Laufende Nebenkosten

Diesen Wert brauchen Sie, um in Formular F oder gegenüber der Bank Ihren Finanzrahmen genau zu bestimmen. Bei einer Wohnung errechnet er sich einfach aus drei Posten:

Hausgeld: Erfragen Sie die Höhe des Hausgelds beim Verkäufer oder bei der Immobilienfirma. Erschrecken Sie nicht, wenn es höher ausfällt als Ihre bisherigen Nebenkosten als Mieter. Das ist normal. Sie können je nach Region und Lage von einem Richtwert von monatlich 3,50 bis 4,50 Euro pro Quadratmeter ausgehen, bei Neubauten oder energetisch sanierten Altbauten sind es häufig weniger.

Grundsteuer: Die Preise unterscheiden sich von Gemeinde zu Gemeinde erheblich. Wenn Sie schon ein Objekt im Auge haben, können Sie sich nach der konkreten Höhe der Steuer beim Vorbesitzer erkundigen.

Rücklagen: Da sich der Löwenanteil der Instandhaltungsrücklagen im Hausgeld versteckt, reichen hier rund 20 Euro im Monat. Falls Sie künftig notwendige Arbeiten an Ihrer Wohnung schon absehen können, dann setzen Sie den Wert für die Rücklagen höher an.

kann, bieten wir Ihnen in der Ausfüllhilfe zu Formular E einige Richtwerte an.

➜ **Hausgeld.** Die Eigentümergemeinschaft eines Mehrparteienhauses bestreitet mit dem Hausgeld die laufenden Kosten für Treppenhaus- und Bürgersteigreinigung, Instandhaltung, Verwaltung, Abwasser, Aufzug, Beleuchtung, den Schornsteinfeger und so weiter. Außerdem legt sie pro Quadratmeter einige Euro für Instandhaltung zurück. Die Höhe des Anteils jedes Miteigentümers ist in einem eigenen Dokument geregelt, dem Aufteilungsplan. Es gehört zur Teilungserklärung, die sich im Grundbuch findet. All das ist durchs Gesetz so vorgegeben und gilt als ernste Angelegenheit, zu der es immer wieder Gerichtsurteile gibt – schließlich geht es langfristig um eine Menge Geld. Es ist immer eine gute Idee, sich die gesamte Teilungserklärung vor dem Kauf einmal anzusehen. Daraus geht auch hervor, welche Pflichten auf die Besitzer zukommen. Für die Finanzierung ist vor allem die konkrete Höhe des Hausgelds interessant. Sie können sie vom Verwalter oder vom Voreigentümer erfragen. Eine genaue Aufschlüsselung der Kosten erhalten Sie früher oder später schriftlich; für unsere Zwecke der Finanzplanung ist die genaue Zusammensetzung jedoch nicht so wichtig, es kommt erst einmal nur auf den Betrag an, den Sie jeden Monat zahlen.

➜ **Rücklagen.** Sie sollten auch Geld für Schönheitsreparaturen beiseitelegen. Was für den Mieter ungeliebte Pflicht ist, ist für den Besitzer der liebevolle Erhalt seines Eigentums. Diese Kosten kommen garantiert in Zukunft auf Sie zu – es ist also besser, darauf hinzusparen als später zu erschrecken. Da die Rücklagen für das gesamte Gebäude (also beispielsweise für Zentralheizung oder Dach) im Hausgeld enthalten sind, liegt der Wert beim Wohnungskauf niedriger als beim Hauskauf.

Weiterführende Literatur

Nähere Informationen zur Aufteilung der Kosten von Wohnungsbesitzern durch die Eigentümerversammlung finden Sie im „Handbuch Eigentumswohnung“. Wer detaillierte Checklisten und Infos zum Hauskauf benötigt, sei auf das „Handbuch Hauskauf“ der Stiftung Warentest verwiesen. Sie erhalten beide Bücher unter test.de/shop oder im Buchhandel.

Hauskauf

Grundsätzlich ähneln die Nebenkosten des Hauskaufs denen eines Wohnungskaufs. Makler, Notar, Grunderwerbsteuer und so weiter sind in beiden Fällen zu zahlen.

Eine Ausnahme sind die Gutachter, die bei Einfamilienhäusern grundsätzlich eine größere Rolle spielen als bei Mehrparteienhäusern in der Stadt. Doch ein Gutachten ist nicht Pflicht – vor allem in einfach gelagerten Fällen. Wenn Sie ein Haus in einer neuen Siedlung direkt vom Entwickler übernehmen und die Gemeinde das Bauland gerade erst fachgerecht erschlossen hat; wenn Sie zudem schon vor Ort vernetzt sind und die Geschichte des Bauplatzes und des Projekts kennen, dann müssen Sie nicht noch einmal einen Experten nachsehen lassen. Falls Sie ganz neu am Ort und noch nicht vernetzt sind, kann das Gutachten schon eher helfen, verdeckte Probleme aufzuspüren.

Ein Extremfall ist beispielsweise der Kauf eines Gebäudes auf dem Gelände eines stillgelegten Krankenhauses oder eines Industriebetriebs – hier könnten schließlich noch üble Hinterlassenschaften von Ascherückständen bis Öltanks im Boden verborgen sein.

Manchmal drohen die Risiken von überraschender Seite. So können sich an den Wänden eines Gebäudes, in dem sich einst eine Bäckerei befand, besondere Arten von Schimmel verbergen. Der Klassiker unter den Hauskaufrisiken ist der Schwamm in Dachstuhl oder Wänden. Ein Gutachten von einem Profi kann Sie hier vor einem echten Desaster bewahren. Der Hausschwamm ist zwar eigentlich nur ein Pilz, doch er durchzieht die Wände und Balken mit fadenförmigen Strängen und zerstört sie dadurch nach und nach.

AUSFÜLLHILFE

→ S. 113

Formular D Nebenkosten Hauskauf

Das Formular D ist in zwei Formen der Nebenkosten unterteilt: (1) in die einmaligen Nebenkosten beim Kauf und (2) in die laufenden Nebenkosten, die künftig jeden Monat anfallen.

Über die laufenden Nebenkosten von Hauskäufern herrscht meist mehr Unklarheit als bei Wohnungskäufern. Während Sie die Nebenkosten einer Eigentumswohnung von der Eigentümergemeinschaft oder dem Entwickler erfragen können, sind Sie hier als Besitzer auf sich allein gestellt. Hauskäufer müssen sich also vorher viel mehr Gedanken machen. Wie immer gilt: Wenn Sie bereits genaue Werte wissen, tragen Sie diese ein. Wir geben Ihnen hier aber auch Anhaltspunkte für Schätzungen, falls Sie sich für die Vorausplanung ein Bild von den möglichen Kosten machen möchten.

Das Formular funktioniert unabhängig von den Formularen C und E, die für den Wohnungskauf beziehungsweise für den Hausbau gedacht sind. Dennoch führen wir in dieser Ausfüllhilfe nicht alle Posten noch einmal auf, die in der Anleitung zu Formular C auf S. 41 bereits erklärt sind.

1 Einmalige Kaufnebenkosten

Der obere Teil der Tabelle (1a) betrifft die Kosten, die Sie besser komplett aus eigener Kraft aufbringen, der untere (1b) solche, die sich über das Darlehen abdecken lassen.

Immobiliengutachten: Tragen Sie als Kosten für die Gutachterin je nach Größe und Art des Objekts zunächst 500 bis 1000 Euro ein, falls Sie noch nicht mit Fachleuten in Kontakt sind. Im Fall einer großen und alten Immobilie rechnen Sie mit höheren Gebühren als im Falle einer kleinen oder neuen Immobilie. Es ist nicht zwingend nötig, ein Gutachten erstellen zu lassen.

Gestaltung von Außenanlagen/Garten: Im Allgemeinen finanzieren die Banken die Gartengestaltung über den Kredit mit. Einige finanzieren jedoch nur die Hälfte der Gartengestaltung. Die Logik dahinter: Die Beete könnten im Fall des Verkaufs dem neuen Besitzer nicht gefallen und müssten dann neu gemacht werden. Wir haben die Kosten für den Garten deshalb in beiden Teilen aufgeführt: bei den finanzierbaren Kosten und den mit Eigenkapital zu bezahlenden Kaufnebenkosten. Führen Sie die Gartenkosten im Zweifelsfall nur im unteren Teil an.

Renovierung/Modernisierung/Sanierung: Fragen Sie eine Fachfirma nach einem Kostenvoranschlag. Wenn Sie noch aufwendig sanieren, ist in der Regel ein Bauplaner der Ansprechpartner.

2 Laufende Nebenkosten für das Haus

Diese Kosten betreffen nicht Ihr Eigenkapital, sondern Ihre monatliche Zahlungsfähigkeit. Sie müssen sie an der entsprechenden Stelle von Ihrer monatlichen Tilgungsfähigkeit abziehen. Wir rechnen hier mit Monatswerten, teilen Sie Jahresbeträge (zum Beispiel die Grundsteuer) also durch 12.

Grundsteuer: Ein typischer Betrag für ein Einfamilienhaus im Wert von 500 000 Euro wäre 700 bis 1000 Euro pro Jahr. In Gemeinden mit hoher Grundsteuer wie Duisburg können es aber auch 1500 Euro sein.

Rücklagen für Instandhaltung: Die Rücklagen sollten Sie nicht als Ärgernis sehen, sondern als gut organisierte Form des Werterhalts Ihrer großen Investition. Informieren Sie sich auf jeden Fall über die laufenden Kosten, die auf Sie zukommen. Für den Anfang gilt die Faustregel für Instandhaltungsrücklagen: 1 Euro pro Quadratmeter im Monat für neue Häuser, 2 Euro für charaktervolle, alte Liebhaberstücke, deren Putz bereits bröckelt. Als Hausbesitzer müssen Sie letztlich alle Teile Ihrer Immobilie pflegen und wenn nötig reparieren, also auch Dach, Fenster, Fassade oder Heizung.

Straßenreinigung, Schornsteinfeger, Müll: Nehmen Sie notfalls je 10 Euro pro Monat als Richtwert.

Wohngebäudeversicherung: Darin enthalten ist beispielsweise die Feuerversicherung. Sie ist unbedingt notwendig, um Ihre Geldanlage vor kleineren und größeren Katastrophen zu schützen. Sturm- und Hagelschäden sind in der Regel im regulären Vertrag abgedeckt. Wenn Ihr Haus in einer betroffenen Region liegt, können Sie auch Elementarschäden dazu buchen, dann ist es gegen Flut, Lawinen oder sogar Erdbeben versichert. Der jährliche Versicherungsbeitrag ist je nach Region, Gebäude, Versicherungsumfang und Versicherungsgesellschaft unterschiedlich hoch – er reicht von wenigen hundert Euro bis weit über tausend Euro. Einen Test und weitere Informationen zu den Kosten, mit denen Sie rechnen müssen, finden Sie gegen eine Gebühr unter test.de/wohngebaeudeversicherung.

Grundbesitzerhaftpflicht: Wenn Sie als Selbstnutzer im eigenen Haus wohnen wollen, brauchen Sie diese Versicherung nicht. Tragen Sie dann also einfach 0 Euro ein. Nur beim Erwerb eines Mietshauses ist sie empfehlenswert.

Achtung: Instandhaltungskosten beachten!

Wer ein Haus kauft, muss ein wenig wie ein Unternehmer und Buchhalter denken und Rückstellungen für die weitere Pflege seiner Investitionen einplanen. In der Praxis kommt es immer wieder vor, dass Eigentümer von Kosten überrascht werden, die eigentlich absehbar waren.

Beispiel: Irmgard und Johannes, ein Rentnerehepaar Anfang 70, wollten ihren Lebensabend an der Küste verbringen und haben dafür ihre Stadtwohnung verkauft. Nach dem Kauf eines Reetdachhauses in Schleswig-Holstein sind sie zunächst überglücklich – vergessen aber, für die unvermeidliche Instandhaltung der traditionellen Friesenkate zu sparen.

Nach Johannes' Tod kommt Irmgard mit ihrer Rente zwar so einigermaßen zurecht. Bald darauf macht ihr jedoch der auffällig schlechte Zustand des Daches mehr und mehr Sorgen: Das Reet sinkt stellenweise ein und bekommt Löcher. Es stellt sich heraus, dass die letzte Erneuerung des Daches zwar nur 25 Jahre zurückliegt, damals aber nicht gut gemacht war. Die Dachdecker in der Region verlangen für die nötige Erneuerung über 60 000 Euro – eine Summe, für die Irmgard kaum Rücklagen hat.

Es wäre daher besser gewesen, schon vor dem Kauf das Urteil von Fachleuten einzuholen und dann jährlich Rückstellungen zu bilden. So hätte sich über einen Zeitraum von zehn Jahren die nötige Summe ansparen lassen. Es hilft, sich klarzumachen, dass so ein Reetdach bei einer Lebensdauer von 30 Jahren umgelegt mehr als 150 Euro im Monat kostet.

Diese Denkweise lässt sich auf alle anderen absehbaren Investitionen rund um die Immobilie übertragen. Beispielsweise einen noch ausstehenden Kanalanschluss, die energetische Sanierung, eine neue Heizung (Lebensdauer 20 bis 30 Jahre!), den Anstrich oder eine neue Dusche. Irmgard hat sich jedenfalls schon beim Kauf finanziell verhoben, auch wenn sie es zunächst nicht bemerkt hat und der Fehler erst ein Jahrzehnt später schmerzhaft auffiel.

Baukosten

Wenn Sie ein neues Haus errichten wollen, müssen Sie nicht nur mit den Kosten rechnen, die beim Hauskauf anfallen, sondern sich auf weitere Kosten gefasst machen.

→ **Bauplaner/Architekt**. In der Regel brauchen Sie für den Bau eines Massivhauses eine Architektin, die oft auch die Planung organisiert. In einigen Ausnahmefällen organisieren Bauauftraggeber die Errichtung des Hauses selbst. Das ist jedoch eher bei Fertighäusern möglich, wo der Hausanbieter als Planungspartner auftritt. Für andere Neubauten brauchen Sie Pläne, und auch eine Sanierung folgt einem ausgeklügelten Zeitplan. Die Profis erledigen zudem routiniert einen guten Teil der Bürokratie mit, sodass zum Beispiel die Kosten für den Bauantrag auch auf ihrer Rechnung auftauchen können. Sie kümmern sich, wenn nötig, auch um die Bauvorlageberechtigung, die nur Bauingenieurinnen oder Architekten beantragen können. Diese ist in einigen Fällen nötig, um später überhaupt einen Bauantrag stellen zu können. Die Berechnung erfolgt auf Basis der Honorarordnung für Architekten und Ingenieure (HOAI). Der Architekt erhält seine Honorare im Zuge des Baufortschritts. Für die Vorplanung erhält er 7 Prozent des Honorars, für die genauen Zeichnungen 25 Prozent und so weiter. Übrigens: Auch ein Haus, das kein „Architektenhaus" ist, benötigt einen Architekten.

→ **Statiker:** Die Bauplanung wird diese Spezialisten beauftragen, sofern nicht ein geprüfter Statiker ohnehin dort im Büro mitarbeitet. Statiker planen und prüfen die Tragfähigkeit der Stockwerke. Sie sind meist

Bauingenieure. In einigen Bundesländern ist es gesetzlich vorgeschrieben, die Pläne von einem Statiker begutachten zu lassen, in anderen nicht.

→ **Vermesser:** Auch die Arbeit eines Vermessers ist nicht zwingend erforderlich. Wenn das Grundstück gerade erst von der Gemeinde entwickelt wurde, dürfte es kaum offene Fragen zum Grenzverlauf geben. Anders sieht es bei lange brachliegenden Grundstücken ohne Zäune aus, die jetzt im Zuge des Immobilienbooms erstmals bebaut werden. Insbesondere dann, wenn das Haus in der Nähe der vermuteten Grundstücksgrenze entstehen soll. In solchen Fällen geraten Sie auch in Kontakt mit dem Wort Liegenschaftskataster. Es handelt sich dabei um eine Datenbank sämtlicher Grundstücke in Deutschland und ihrer Abgrenzung. Für ihre Verwaltung ist das Vermessungsamt (auch Katasteramt) verantwortlich.

→ **Baugrundgutachten:** Das Gutachten über den Boden ist nicht unbedingt erforderlich, empfiehlt sich aber bei schwierigem Grund oder der Gefahr von Altlasten. Beispiele wären der Bau auf moorigem Boden mit hohem Grundwasserstand, auf einem ehemaligen Fabrikgelände, am Hang oder auf felsigem Grund.

→ **Erschließungskosten.** Die Stadt stellt neue Siedlungsgebiete nicht kostenlos bereit. Die Gemeinde lässt die Käufer der Grundstücke im Allgemeinen für Straßen, deren Beleuchtung und sogar die Anlage der Grünflächen bezahlen. Auch Anteile an den Leitungen für Wasser, Abwasser, Gas, Strom und Internet stellt sie in Rechnung. Laut Gesetz kann sie bis zu neun Zehntel dieser Ausgaben von den Bauherrinnen zurückholen. Diese Kosten können auch nachträglich anfallen. Sie können auch viel später noch einmal auftreten, beispielsweise wenn die Stadt die Straße erneuert und die Anlieger beteiligt. Wenn Sie auf einem bereits erschlossenen Grundstück bauen, entfällt dieser Posten jedoch erst einmal.

→ **Bauantrag.** Auch der Preis für den Antrag und die Genehmigung des Bauvorhabens unterscheidet sich stark – je nachdem, was die Gemeinde verlangt. Typisch wäre ein halbes Prozent der Baukosten. Bei einem Haus für eine halbe Million Euro wären das bereits 2500 Euro. Tatsächlich errechnen sich die Gebühren aus der Größe (in Kubikmetern) des Gebäudes, dem Bauwert und dem Gebührensatz der Gemeinde.

→ **Baukosten:** Sie schließen mit dem Bauunternehmen einen Vertrag ab, der alle Leistungen nennt, die zu erbringen sind. Prüfen Sie den Bauvertrag genau. Achtung: Der Begriff „schlüsselfertig" ist nicht geschützt. Eigentlich selbstverständlich erscheinende Arbeiten bleiben zuweilen unerledigt, wenn sie nicht ausdrücklich im Vertrag genannt sind. In vielen Fällen beauftragen Sie einen Generalunternehmer, der seinerseits dann Aufträge an Handwerkerfirmen weiterreicht. Weil dieser einen Pauschalpreis nennt, wird er alles so kostengünstig ausführen, wie es der Vertragsrahmen erlaubt. Wenn Sie also bessere Qualität wünschen, muss diese genau definiert sein. Auch hier holen Sie am besten mehrere Angebote ein, um sich ein realistisches Bild von den Kosten machen zu können. In diesem Posten verstecken sich beispielsweise auch die Kosten für Kräne oder für feste Innenausstattung wie Türen, Heizung oder Elektrik.

→ **Versorgung.** Ihre Baustelle verbraucht Strom und Wasser und erzeugt Abwasser. Die Stromanbieter haben dafür eigene Baustromtarife. Sie müssen einen Baustromkasten mieten, den Anschluss bezahlen und für die verbrauchten Kilowattstunden aufkommen. Im Winter sind Baustellen daher teurer als im Sommer: Sie brauchen Licht und Wärme. Je nach Art der Abrechnung taucht dieser Posten auch an anderer Stelle auf, beispielsweise bei der Erschließung.

→ **Versicherungen.** Hier brauchen Sie vor allem eine Haftpflicht-, eine Bauleistungs- und eine Feuerrohbauversicherung. Die Bauherrenhaftpflichtversicherung bezahlt Schäden bei anderen (Farbeimer fällt vom Gerüst auf den Gehweg). Die Bauleistungsversicherung bezahlt Schäden an Ihrer werdenden Immobilie (Sturm). Die Kosten halten sich in Grenzen, sie bewegen sich im Bereich von einigen Hundert Euro. Wir empfehlen, diese Versicherungen abzuschließen, sonst können ein Missgeschick oder schlechtes Wetter Ihre Finanzierung ruinieren.

→ **Gartenarbeiten/Außenarbeiten.** Die Einrichtung des Gartens und der anderen Außenanlagen gehen Hand in Hand. Dazu gehören auch Wege, Zäune, die Terrasse, die Auffahrt, der Carport oder der Unterstand für die Mülltonnen. Auch dafür fallen noch einmal mehrere Tausend oder Zehntausend Euro an. Wenn Sie Ihre Terrasse mit einem edlen Naturstein belegen lassen und seltene Rosengewächse anpflanzen, wird die Sache naturgemäß teurer als ein Belag mit Holzklickfliesen und schlichtem Rasen drum herum. Sie können später noch nach und nach Gewächse selber pflanzen, wenn Sie hier knapp kalkulieren.

→ **Rücklagen:** Mit dem Beginn eines Bauprojekts ist häufig noch nicht alles geklärt. Wenn Sie beispielsweise befürchten müssen, dass sich Altlasten auf Ihrem Grundstück befinden, reservieren Sie unbedingt Geld für deren Beseitigung. Es bringt nichts, die Augen vor dem möglichen Problem zu verschließen und das Beste zu hoffen.

Infos zum Hausbau

Dieser Finanzierungsratgeber kann eine detaillierte Anleitung zum Hausbau nicht ersetzen. Von der Stiftung Warentest gibt es hierfür „Unser Bauherren-Handbuch“. Sie erhalten es unter test.de/shop oder im Buchhandel.

AUSFÜLLHILFE

→ S. 113

Formular E Gesamtkosten Hausbau

Ihr Ansprechpartner für viele dieser Kosten ist in erster Linie der Architekt oder Bauplaner, der Ihr Projekt auch durchrechnet. Diese Aufstellung gibt Ihnen jedoch die Möglichkeit, die Kosten selbst zu kalkulieren, um sich schon vor Projektbeginn einen Überblick zu verschaffen.

Wo Sie bereits genaue Werte von der Bauplanerin, der Gemeinde oder durch Kostenvoranschläge von Firmen kennen, tragen Sie bitte diese ein. Ansonsten schlagen wir Ihnen hier Richtwerte vor, mit denen Sie übergangsweise arbeiten können. Diese Kosten kommen zu denen für das Grundstück hinzu.

Das Formular ist unterteilt in die Kaufnebenkosten, die bei solider Finanzierung vollständig mit Eigenmitteln zu tragen sind, und die Grundstücks- und Baukosten, für die sich das Darlehen verwenden lässt. Es gibt auch den Begriff „Baunebenkosten“, doch lassen Sie sich nicht verwirren: Diese gehören zu den Baukosten und werden von der Bank ins Darlehen inbegriffen. Die Idee dahinter: Die Baunebenkosten schaffen bleibende Werte, die Kaufnebenkosten wie Steuern sind hinterher einfach weg.

Zu den Posten, die hier nicht noch einmal näher erläutert sind, finden Sie Erklärungen in den Ausfüllhilfen zu Formular C und D auf den Seiten 41 und 43.

1 Kaufnebenkosten

Grundstücksbewertung/Wertermittlung: Eventuell müssen Sie das Grundstück begutachten lassen, bevor Sie es zum angepeilten Preis kaufen können, ohne unkalkulierbare Risiken einzugehen.

Innenausstattung: Die Innenausstattung taucht in diesem Formular zweimal auf. Es gibt eine Zeile bei den nicht durch das Darlehen finanzierbaren Nebenkosten und eine bei den finanzierbaren Baukosten. Zwar haben die meisten Banken kein Problem damit, eine Grundausstattung des Hauses mitzufinanzieren, es soll schließlich bewohnbar sein. Andererseits verbraucht sich eine Küche schneller als das Gebäude – und sie trifft nicht jeden Geschmack. Im Fall einer Zwangsversteigerung ist sie also von zweifelhaftem Wert. Auch mit Luxusausstattung im Bad wie einem Whirlpool oder mit der üppigen Designlampe über dem Esstisch tun sie sich schwerer. Möbel finanzieren die Kreditinstitute eigentlich gar nicht. In die obere Tabelle können Sie also die halben Kosten für die Küche, und den Preis für die Luxusausstattung für die Bäder und neue Möbel eintragen. In die untere Tabelle gehört die Grundausstattung der Bäder, das Anbringen der wichtigsten Lampen und so weiter. Das ist meist ohnehin im Angebot eines schlüsselfertigen Hauses durch die Baufirma enthalten. Wie immer kommt es letztlich auf den Einzelfall an. Es steht der Bank frei, wie sie die Ausgaben für die Ausstattung einschätzt.

2 Grundstücks- und Baukosten

Bauleitung/Architekt: Wenn Sie schon Kostenvoranschläge eingeholt haben, um sich den richtigen Dienstleister herauszusuchen, können Sie hier das ungefähre Honorar eintragen. Ein typisches Architektenhonorar für den Bau eines nicht zu komplizierten Einfamilienhauses wäre 25 000 Euro, aber selbstverständlich ist die Bandbreite auch hier sehr groß. Ohne professionelle Planung wird es nicht gehen.

Statiker: Wird ein Statiker hinzugezogen, hängt auch dessen Honorar vom Gesamtpreis ab. Stellen Sie sich auf runde 1000 Euro ein.

Erschließungskosten: Fragen Sie die Gemeinde nach dem Gebührensatz. Wenn Sie dieses Formular als theoretische Übung ausfüllen, um verschiedene Szenarien zu erproben, können Sie probeweise (!) von 10 000 Euro ausgehen. Die genauen Beträge unterscheiden sich von Gemeinde zu Gemeinde und von Projekt zu Projekt erheblich, doch machen Sie sich auf eine saftige Summe bis zu 20 000 Euro gefasst.

Herrichtungskosten: Wenn noch Bäume oder ein altes Haus auf dem Grundstück stehen, dann müssen Sie den Preis für deren Beseitigung einplanen. In einigen Fällen verbirgt sich auch ein halb vergessener Öltank im Boden. In solchen Fällen wird die Herrichtung etwas teurer.

Bauantrag/Baugenehmigung: Rechnen Sie mit einem halben Prozent der Rohbaukosten für Bauantrag und -genehmigung, wenn es noch nicht so exakt sein muss. Multiplizieren Sie sie dazu also mit 0,005. Die tatsächlichen Kosten hängen vom Rauminhalt des neuen Hauses ab. Sie brauchen also einen Wert in Kubikmeter des Volumens, den Ihre Wände umschließen. Nun müssen Sie den Bauwert pro Kubikmeter kennen und ihn mit der Kubikmeterzahl multiplizieren. Diese Rechnung wird Ihnen aber in der Regel der Architekt abnehmen. Sein Lohn für die Zeichnungen und die Vorbereitung des Antrags entspricht einem Zehntel der Bausumme, erscheint aber auf jeden Fall auf dessen Rechnung. Auch Bauantrag und Baugenehmigung können dort auftauchen.

Baukosten: Sie müssen Kostenvoranschläge von Bauunternehmen einholen, um den Wert für die Baukosten halbwegs exakt ausfüllen zu können; das Bauplanungsbüro wird Ihnen helfen. Als ersten Richtwert können Sie 2000 Euro pro gewünschtem Quadratmeter annehmen. Ein Haus mit 150 Quadratmetern Wohnfläche für eine Familie käme dann auf 300000 Euro. Selbstverständlich sind die Unterschiede groß. Ein Fertighaus kostet weniger als ein traditionell gebautes Massivhaus; auf dem Land ist fast alles günstiger zu haben als in der Stadt.

Baustrom und -wasser: Setzen Sie hier als sehr (!) ungefähren Wert 1000 Euro ein, wenn Sie noch nichts Näheres wissen.

Versicherungen: Setzen Sie hier ebenfalls zunächst für alle drei Versicherungen zusammen 1000 Euro ein, wenn Sie noch keine genauen Anhaltspunkte haben.

Baustellensicherung: Ein regulärer Bauträger wird die wichtigsten Sicherungsmaßnahmen in die Baukosten einberechnen. Sie sollten jedoch wachsam bleiben und sich für einen wirksamen Schutz der Umgebung als Bauherrin verantwortlich fühlen. Beim Hausbau in Eigenleistung müssen Sie eventuell eine Fachfirma beauftragen.

Außenanlagen: Die wichtigsten Außenanlagen sind in den Baukosten schlüsselfertig geplanter Häuser oft enthalten – so ist zum Beispiel die Garage meist Teil der Gesamtgestaltung. Setzen Sie hier ein, was Sie selbst (zusätzlich) planen und bezahlen.

Anlegen des Gartens: Als Anhaltspunkt können Sie 50 Euro pro Quadratmeter annehmen, wenn noch kein Kostenvoranschlag vorliegt.

Gesamtsumme Hausbau: Hier rechnen Sie die Summe der Kaufnebenkosten und die der Grundstücks- und Baukosten zusammen, um den Betrag zu erhalten, den Sie das Haus alles in allem kostet.

Kann ich mir mein Wunschobjekt leisten?

Sie wissen nun, wie viel Sie aufbringen können und wie viel Ihr Projekt kostet. Jetzt können Sie diese Informationen zusammenführen.

Vielleicht planen Sie den Kauf bisher nur theoretisch, vielleicht haben Sie Ihre Traumimmobilie bislang noch gar nicht gefunden, vielleicht laufen aber auch schon die Preisverhandlungen mit dem Verkäufer. Doch egal an welcher Stelle auf dem Weg zu Ihren eigenen vier Wänden Sie sich befinden: Auf jeden Fall sind Sie jetzt schon so weit, dass Sie Ihre Möglichkeiten realistisch abschätzen können. Falls Sie Ihr Wunschobjekt bereits gefunden haben, interessiert Sie nun vermutlich, ob Ihr Finanzrahmen die Kosten deckt. Wenn ja, können Sie im nächsten Schritt auf den Abschluss zusteuern.

Einen ersten Anhaltspunkt für Ihre finanziellen Möglichkeiten haben Sie am Ende von Schritt 1 entweder aus dem Onlinerechner oder durch eigene Berechnung erhalten. Nachdem Sie jetzt hier im zweiten Schritt eine detaillierte Aufstellung der einmaligen und laufenden Nebenkosten erstellt haben, können Sie den Onlinerechner 1 „So teuer darf Ihr Haus werden“, S. 31 noch einmal mit Ihrem tatsächlichen Nebenkostenanteil durchlaufen lassen. Teilen Sie für den Rechner die Kaufnebenkosten aus Formular C, D oder E durch den Kaufpreis und multiplizieren Sie das Ergebnis mit 100, um eine Prozentzahl zu bekommen. Sie finden Ihren Finanzrahmen im Rechner dann unter „Finanzierbare Gesamtkosten (Euro)“.

Ansonsten verwenden Sie Formular F „Kann ich mir das leisten?“, das ebenfalls Ihre finanziellen Möglichkeiten den erwarteten Kosten gegenüberstellt. Sie benötigen die Werte aus Formular F ohnehin für die Aufstellung Ihres Finanzierungsplans im nächsten Schritt.

Banken rechnen manchmal anders

Wenn Sie erstmals beim Bankberater oder Vermittler sitzen, werden Sie voraussichtlich noch mit einem anderen Zugang zur Berechnung der Obergrenze für das Darlehen konfrontiert. Viele Kreditgeber setzen die Grenze beim 108-Fachen Ihrer monatlichen Gehaltsüberweisung an. Das heißt, wenn Sie im Monat 3000 Euro aufs Konto bekommen, können Sie sich nach dieser Faustregel einen Kredit in Höhe von 324 000 Euro leisten. Bei Kunden mit viel Eigenkapital und sicherem Einkommen gehen einige Geldgeber ausnahmsweise bis zum 120-Fachen herauf.

Reicht das Geld noch nicht?

In Zeiten fallender Zinsen und steigenden Wettbewerbs um gute Kaufobjekte sind die Finanzierungen in den vergangenen Jahren immer knapper kalkuliert worden. Die Industrie aus Beratern, Bausparkassen und Banken, die sich um den Eigenheimerwerb entwickelt hat, winkt mittlerweile auch manche Finanzierung durch, die auf Kante genäht ist. „Das klappt bei Ihnen schon!“, hört jeder gerne vom Berater der Bank oder Sparkasse. Dort besteht allerdings ein Interesse daran, Kredite zu verkaufen. Wenn Sie das Gefühl haben, Ihre Mittel zu überstrecken, sollten Sie vorsichtig bleiben. So können Ihre eigenen Berechnungen ergeben, dass Ihre Wunschimmobilie außer Reichweite einer soliden Finanzierung liegt. In diesem Fall können Sie entweder auf eine preiswertere Lage zielen – oder Sie geben sich noch einige Jahre zum Weitersparen. Da Eigenkapital

AUSFÜLLHILFE

→ S. 113

Formular F Kann ich es mir leisten?

1 Mein Finanzrahmen

Sie tragen hier Werte zusammen, die Sie in den Formularen A und B sowie C, D oder E ermittelt haben.

1a Vom Eigenkapital her gerechnete Kreditobergrenze

Die erste Tabelle zur Ermittlung der Kreditobergrenze basierend auf dem Eigenkapital benötigt zunächst das Endergebnis von Formular A (Ihr Eigenkapital). Dazu kommt das erste Zwischenergebnis aus einem der Formulare C, D oder E – je nachdem, ob Sie eine Wohnung kaufen oder ein Haus kaufen oder bauen möchten. Hier geht es um die Zusatzkosten, die Sie komplett aus dem Eigenkapital bestreiten müssen.

Das Ergebnis der Subtraktion Eigenkapital minus Nebenkosten multiplizieren Sie mit 6, um einen Wert für die Kreditobergrenze zu erhalten. Das unterstellt einen mittleren Eigenkapitalanteil in Höhe von 16,6 Prozent nach Abzug der Nebenkosten.

Der kleine Kasten darunter gibt noch zwei Varianten für den Eigenkapitalanteil an, die Sie alternativ wählen können. Mit dem Faktor 4 gehen Sie von einer sehr soliden Finanzierung aus. Sie bringen dann 25 Prozent Eigenkapital nach Abzug der Kosten mit. Multiplizieren Sie Ihr Eigenkapital mit 9, dann ermitteln Sie das andere Extrem einer sehr knappen Finanzierung. Das kann interessant sein, wenn Sie ein absolutes Traumobjekt an der Angel haben, für das es lohnt, sich zu strecken. Der Faktor läuft auf einen Eigenkapitalanteil von nur 11 Prozent heraus.

Der maximale Kredit plus das Eigenkapital wiederum ergibt die Kosten, die Sie insgesamt tragen können.

1b Von der maximalen Rate her gerechnete Kreditobergrenze

Die Berechnung erfolgt hier auf Grundlage Ihres monatlichen Überschusses, den Sie in Formular B ermittelt haben. Davon zieht das Formular die monatlichen Nebenkosten ab, die Sie mit Formular C, D oder E errechnet haben. Wir haben beim Schnellcheck in Schritt 1 auf S. 31 bereits erläutert, wo Sie einen Wert für den Marktzins finden. Nehmen Sie im Zweifel 3 Prozent als anfängliche Tilgung an.

Teilen Sie Ihre monatliche Zahlungsgrenze durch die Summe von Zins und Tilgung.

Beispiel: Wenn Sie einen Wert von 4,1 für Zins und Tilgung haben und im Monat 1000 Euro aufbringen können, dann dividieren Sie 1000 : 4,1. (Wenden Sie keine Prozentrechnung an, sondern nehmen Sie die Prozentzahl, wie sie ist.) Das Ergebnis multiplizieren Sie mit 1200, um eine weitere Kreditobergrenze zu ermitteln. Auch hier ergeben sich zusammen mit dem Eigenkapital die finanzierbaren Gesamtkosten.

Der niedrigere Wert von 1.1 und 1.2 ist Ihr Finanzrahmen.

2 Die Gesamtkosten

Hier rechnen Sie den Kaufpreis und die Kaufnebenkosten laut Formular C, D oder E zusammen.

3 Saldo

Wenn Sie die Gesamtkosten von Ihrem Finanzrahmen abziehen, sehen Sie sofort, ob Ihr Projekt grundsätzlich realisierbar ist. Falls Sie einen positiven Wert sehen, haben Sie noch etwas Luft. Sie können dann zum Beispiel später mehr als das Minimum an Eigenkapital anbieten.

UNSER RAT

Kaufen mit minimalem Eigenkapital

Grundsätzlich raten wir Immobilienkäufern dazu, mindestens die Kaufnebenkosten und 10 bis 20 Prozent des Kaufpreises durch eigenes Geld abzudecken. Banken und Berater sind allerdings heute so sehr darauf aus, Kredite unter die Leute zu bringen, dass auch riskantere Finanzierungen mit minimalen Eigenkapital Routine geworden sind. Wenn Sie darin den richtigen Weg für Ihre Finanzierung sehen, beachten Sie auf jeden Fall folgende Punkte:

Nebenkosten. Sie sollten zumindest die Nebenkosten selbst aufzubringen, sonst haben Sie schon zu Beginn der Finanzierung mehr Schulden, als Ihre Immobilie wert ist. Für Finanzierungen über 100 Prozent verlangen Banken außerdem kräftige Zinsaufschläge, sofern sie dazu überhaupt bereit sind.

Kreditkonditionen. Vergleichen Sie gerade bei einer Vollfinanzierung sorgsam die Konditionen wie in Schritt 4 beschrieben. Hinter dem ersten Google-Treffer einer Suche nach „Immobilie Kaufen ohne Eigenkapital" muss sich nicht unbedingt der günstigste und ehrlichste Anbieter verbergen. Wenn Sie am Markt keinen Kredit aus einer seriösen Quelle erhalten, verzichten Sie besser auf den Kauf.

Einkommen. Die besten Chancen auf einen akzeptablen Kredit mit wenig Eigenkapital haben Arbeitnehmer mit besonders sicherem Einkommen oder Beamte.

Sicherheiten. Vollfinanzierungen sind meist machbar, wenn der Darlehensnehmer dem Kreditinstitut andere Sicherheiten stellen kann. Dazu gehören beispielsweise ein Pfandrecht für ein großes Aktiendepot oder eine Grundschuld auf eine andere Immobilie.

wie ein Hebel wirkt, können zehntausend Euro mehr bereits einen beträchtlichen Unterschied machen. Falls Sie noch jünger sind und es nicht eilt, legen Sie doch noch eine Weile etwas zurück. Sie können das Abbezahlen des Kredits so auch zunächst üben, indem Sie stattdessen monatlich den angepeilten Betrag in Tagesgeld anlegen.

Da Sie bereits wissen, dass Sie das Geld für eine Immobilie zurücklegen, bietet sich auch staatlich gefördertes Sparen an. Sie können beispielsweise einen Bausparvertrag mit Wohn-Riester abschließen, wenn Sie in den Kreis der Förderberechtigten gehören. Die Beteiligung des Staates schafft jedoch auch Komplikationen (siehe Schritt 3).

Wenn Sie Ihre Immobilie vielleicht doch erst in mehr als zehn Jahren kaufen wollen, können Sie auch erwägen, einen Teil des Geldes in Aktien-ETF-Sparpläne zu stecken. Sie sind riskanter, aber bieten höhere Renditechancen als etwa das sichere, jedoch mager verzinste Tagesgeld. Die Risiken sinken, wenn man das Geld über längere Zeiträume anlegt, weshalb sich Aktien-ETF nur fürs Langzeitsparen eignen.

Vorerst sollten Sie aber der Realität ins Auge sehen, dass es diesmal nicht klappt.

Infos fürs Langzeitsparen

Wenn Sie sich mehr als zehn Jahre fürs Sparen auf die Traumimmobilie Zeit nehmen möchten, können Sie auch auf riskantere, aber chancenreichere Produkte wie Sparpläne auf Aktien-ETF setzen. Sie eignen sich auch für Einsteiger. Was ETF sind und was Sie dabei beachten sollten, erklären wir im Ratgeber „Anlegen mit ETF". Sie erhalten ihn im Buchhandel oder unter test.de/shop.

Realitäts-Check: Besser mieten als kaufen?

Der Trend geht zum Erwerb eines Eigenheims, doch gerade deshalb sind die Preise hoch. Besonders in den Städten kommen Mieter derzeit häufig besser weg.

Die Frage wird unter Leuten mit Interesse an Finanzfragen immer wieder heiß diskutiert: Wer häuft das größere Vermögen an – Mieter oder Immobilienkäufer? Auf den ersten Blick haben die Käufer einen eindeutigen Vorteil. Sie leisten jeden Monat Zahlungen – genau wie Mieter –, aber nach einigen Jahrzehnten gehört ihnen ihre Wohnung. Damit können sie künftig mietfrei wohnen. Gerade wenn mit Renteneintritt das Einkommen zurückgeht, verschafft das ein Gefühl der Sicherheit. Mieter dagegen haben nur ihren Vermieter reich gemacht – so lautet eine Sichtweise, der man häufig begegnet. Es ist nicht verwunderlich, dass gerade Vertreter der Immobilienbranche die Lage so darstellen. Schließlich verdienen sie am regen Kaufgeschehen.

Unklare Vorteile

Tatsächlich schneiden Mieter im Langfristvergleich gar nicht so schlecht ab. Um ein Mietszenario fair mit einem Kaufszenario zu vergleichen, ist davon auszugehen, dass Mieter die Einsparungen an Kreditzinsen am Kapitalmarkt anlegen und so ebenfalls Vermögen aufbauen. Die einen zahlen Miete, die anderen Zinsen für ihren Kredit.

Gerade in Phasen mit hohen Kreditzinsen waren die Zahlungen der Käufer an die Bank über die Laufzeit häufig sehr hoch – sie mussten oft noch einmal den Kaufpreis an Zinsen aufbringen. Das hat Mietern im Vergleich einen Vorteil verschafft.

Zwischenzeitlich hatte der Wind dann gedreht. Die niedrigen Zinsen haben seit 2010 zu Recht viele Käufer an den Immobilienmarkt gelockt. Die Käufer verlieren seitdem nur wenig Geld in Form von Zinsen an die Bank, sie zahlen heute fast ausschließlich ihre Investition ab.

Doch nach mehreren Jahren des Booms haben sich die Verhältnisse wieder geändert. Wohnungen und Häuser haben hohe Bewertungen erreicht, während die Mieten im Schnitt zwar ebenfalls gestiegen sind – aber bei Weitem nicht so stark wie die Kaufpreise. Wer teuer in den Kaufmarkt einsteigt, hat gegenüber Mietern mehrere Nachteile. Er muss am Ende eben doch viel Zinsen zahlen, weil er einen großen Kredit stemmen musste. Außerdem ist die Luft nach oben bei der Steigerung des Objektwerts nicht mehr groß – oder es geht sogar eines Tages abwärts.

Am Ende lassen sich im Vergleich „Kauf gegen Miete" zwar durch Auswahl der Eckwerte jeweils beide Ergebnisse herbeirechnen: mal ist Mieten günstiger, mal Kaufen. Für Sie ist jedoch vor allem Ihr konkreter Fall interessant. Kaufen Sie nicht auf Biegen und Brechen, sondern prüfen Sie noch einmal, ob Mieten nicht in Ihrer Situation die günstigere Lösung ist. Dabei hilft Ihnen unser Onlinerechner „Lohnt sich der Immobilienkauf?".

Pluspunkt für Käufer

Nach Angaben des Vergleichsrechners stehen Mieter zwar in vielen Fällen besser da als Käufer. Dennoch bauen Immobilienkäufer oft die größeren Vermögen auf. Das Deutsche Institut für Wirtschaftsforschung (DIW) in Berlin sieht neben den steigenden

Teure versus günstige Lagen

Zwischen 2010 und 2018 stiegen die Preise in den sieben größten deutschen Städten besonders rasant. Seit 2018 hat sich der Trend umgekehrt: In den großen Städten sind die Preise zuletzt weniger stark gestiegen als im Bundesdurchschnitt.

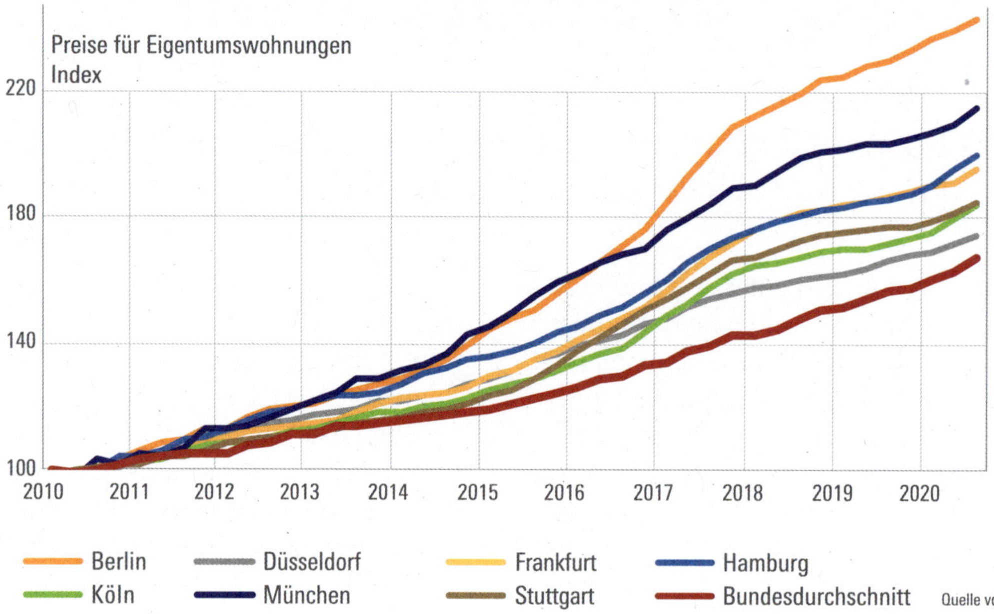

Quelle vdp-Research

Preisen den Hauptgrund in der vertraglichen Verpflichtung zur Rückzahlung: Die Bank zwingt sie zu disziplinierten Einzahlungen ohne Alternative. Aktieninvestoren können immer noch schwach werden und sich aus dem angesparten Vermögen einen tollen Urlaub leisten. Die höhere Flexibilität kann je nach Sichtweise allerdings auch als Vorteil von Geldanlagen in Wertpapiere gelten.

Ausweichen aufs Land?

Kaufen in Städten und regionalen Zentren ist für Normalverdiener schwierig geworden. Auf dem Lande und in weniger gefragten Vierteln finden sich dagegen Schnäppchen. Die Grafik oben zeigt, wie weit die Schere seit 2010 auseinandergegangen ist: Während die Preise im deutschen Durchschnitt zwar auch angezogen haben, sind sie in den Großstädten richtiggehend nach oben ausgebrochen.

Falls Sie feststellen, dass die begehrte Altbauwohnung in einer Metropole Ihre Möglichkeiten übersteigt, können Sie daher einen Kauf in einer weniger überhitzten Gegend erwägen. Ein Ausweichen aufs Dorf passt natürlich in vielen Lebenssituationen nicht – wenn dadurch etwa der Weg zur Arbeit viel zu lang wird. Doch auch innerhalb der Städte kann sich ein Blick auf die zweite Reihe lohnen. Der Kauf in einer Lage mit gutem Namen, vielen Parks, begehrten Schulen und vielen Arztpraxen kann 20 bis 30 Prozent teurer sein als der einer vergleichbaren Wohnung in einem Viertel, das vielleicht bisher keinen so guten Klang hatte, in Wirklichkeit aber ordentliche Lebensqualität bietet. Wenn Sie Glück haben, dann erwischen Sie ein Objekt im künftigen In-Viertel und nehmen die nächste Runde von Preissteigerungen mit. Oft ist hier auch das Verhältnis von Kaufpreis und Miete besser.

BEDIENHILFE ONLINERECHNER 3

Lohnt sich der Immobilienkauf?

Der Onlinerechner hilft Ihnen dabei, Ihre Lage auf diese Frage hin abzuklopfen. Die URL finden Sie auf S. 113.

Instandhaltungs- und Verwaltungskosten: Dabei handelt es sich um Wohngeld und Betriebskosten, also die Nebenkosten von Käufern. Beachten Sie, dass die Angabe sich aufs Jahr bezieht. Wenn Sie einen Monatswert aus Formular C, D oder E haben, multiplizieren Sie ihn mit 12.

Kostensteigerung pro Jahr: Sie können den voreingestellten Wert von 1,5 stehen lassen.

Vergleichsmiete pro Jahr: Die Vergleichsmiete würden Sie für eine Mietwohnung zahlen, die nach Lage, Größe und Ausstattung der Wohnung entspricht, die Sie kaufen möchten.

Geschätzte Mietsteigerung pro Jahr: Rechnen Sie hier eher vorsichtig mit Mietsteigerungen von 1 bis 2 Prozent im Jahr.

Geschätzte Wertsteigerung pro Jahr: Dies ist sicherlich der Punkt, der am schwierigsten zu beantworten ist. Wir empfehlen deshalb, mehrere Szenarien mit unterschiedlicher Wertentwicklung durchzuspielen, darunter auch eines ohne Wertsteigerungen. Selbst wenn die Immobilienpreise allgemein steigen sollten: Ihr Haus wird mit der Zeit älter.

Zinssatz: Die Stiftung Warentest stellt monatlich im Netz die Zinssätze von zirka 70 Banken und Kreditvermittlern unter test.de/hypothekenzinsen zur Verfügung.

Tilgungssatz: Lassen Sie vorerst 3,5 Prozent stehen – mehr dazu in Schritt 3.

Alternativanlage: Dieser Teil beschäftigt sich mit dem Geld, das Sie als Mieter für sich arbeiten lassen, statt es in die Wohnung zu stecken. Es wird über die Jahrzehnte ebenfalls Erträge erbringen.

Anlagezinssatz: Geben Sie hier die Rendite an, die Sie mit einer langfristigen Geldanlage erwarten. Auf festverzinsliche Anlagen bekommen Sie derzeit zwar fast keine Zinsen mehr. Aber Sie werden zumindest bei höheren Summen einen Teil Ihres Vermögens auch in Investitionen mit höheren Renditechancen wie Aktien anlegen. Rechnen Sie Varianten mit Renditen von beispielsweise 1 bis 4 Prozent durch, um zu sehen, wie stark der Vermögensvergleich variiert.

Steuersatz: Lassen Sie es bei den bereits eingetragenen 25 Prozent. Es handelt sich um die Abgeltungsteuer auf Kapitalerträge.

Nach dem Ausfüllen aller Felder gibt der Rechner die Ergebnisse wieder; scrollen Sie etwas herunter, um sie zu sehen. Im ersten Block zeigt er übersichtlich den Vorteil des Käufers an. Ein negativer Wert bedeutet, dass der Käufer gegenüber dem Mieter im Nachteil ist. Der Mieter hat am Kapitalmarkt mehr Geld verdient als der Käufer durch sein Immobilieninvestment. Weiter unten zeigt der Rechner noch eine detaillierte Tabelle an. Achten Sie auf die zwei Spalten „Vermögen Käufer" und „Vermögen Mieter". Hier sehen Sie, wie viel die Kapitalanlagen (also die Immobilie beziehungsweise die Wertpapiere) in beiden Szenarien wert sind. Die letzte Spalte gibt noch einmal den Vorteil des Käufers an.

Schritt 3

Finanzierungs-plan aufstellen

Im dritten Schritt erstellen Sie einen Finanzierungsplan. Das ist das Herzstück des Projekts: Sie legen eine übersichtliche Tabelle an, die Ihre Geldquellen und die Art der Rückzahlung auflistet. Hier fließt zusammen, was wir in den ersten beiden Schritten vorbereitet haben. Ein solider Finanzierungsplan ist wichtig, um die Bank von der eigenen Kreditwürdigkeit zu überzeugen.

Alle Zahlen an einem Ort

Am Ende dieses Schrittes liegen Ihnen übersichtliche Dokumente vor, die Ihre Verhältnisse und Ihre Pläne zur Rückzahlung des Kredits beschreiben. Zusammen ergeben sie den Finanzierungsplan.

In diesem Schritt verwenden wir die vielen Daten, die Sie in den Schritten 1 und 2 bereits zusammengetragen haben. Außerdem fügen Sie weitere wichtige Zahlen hinzu: Wir beschäftigen uns erstmals mit der richtigen Art des Kredits für Ihre Finanzierungsbedürfnisse, der optimalen Tilgung (Rückzahlung) und den konkreten Fördermöglichkeiten. Wir fügen den vorhandenen Daten also realistische Annahmen zum Fremdkapital hinzu und gießen alles in ein einheitliches Zahlenwerk. Der Finanzierungsplan gibt Ihnen und der Bank einen Überblick darüber, wo die Mittel herkommen sollen und wo sie hingehen.

Viele Immobilienkäufer gehen erst einmal zu einem Berater bei einem Finanzinstitut, um ihre Situation zu sondieren. Wir empfehlen Ihnen, in diesem Schritt erst selbst ein Finanzierungskonzept zu entwerfen und dann gezielt Kreditangebote einzuholen. Nur wenn Sie bereits wissen, was Sie brauchen, können Sie die richtigen Fragen stellen. Nur dann kann der Berater Ihnen zielgenau helfen. Umgekehrt erkennen Sie es schnell, wenn das vor Ihnen ausgebreitete Angebot gar nicht zu Ihnen passt, und können direkt auf Nachbesserung pochen.

Das gehört hinein

Ob Bank, Bausparkasse, Versicherung oder Vermittler: Sie müssen Ihre persönlichen Verhältnisse in einer festgelegten Weise offenbaren, bevor Sie die Chance auf einen Kredit haben. Zugleich sollte Ihnen bewusst sein, was bei der Tilgung auf Sie zukommt.

Folgende Unterlagen gehören in den Finanzierungsplan:

→ **Vermögensaufstellung:** Das haben wir ganz zu Anfang bei der Erfassung Ihres Eigenkapitals erledigt. Es geht darum, welche Ersparnisse Sie besitzen und welche Hilfe Sie von Verwandten erwarten können. Die Grundlage dafür ist Formular A.

→ **Beschäftigungsverhältnisse, Einnahmen und Ausgaben:** Hier geben Sie an, bei was für einem Unternehmen Sie angestellt sind und wie viel Sie verdienen. Bei Paaren legen oft beide Partner ihre Situation dar, selbst wenn nur ein Partner den Kredit aufnimmt. Schließlich ist in den meisten Fällen die Rückzahlung ein Gemeinschaftsprojekt. Die Grundlage für diesen Teil ist Formular B.

→ **Preisvolumen:** Sie müssen klipp und klar sagen können, was die Sache kosten wird. Grundlage ist Formular C (Wohnungskauf), D (Hauskauf) oder E (Hausbau).

→ **Krediteckwerte:** Als Kreditkundin legen Sie fest, was für eine Art von Kredit Sie wünschen und wie hoch er sein muss, um Ihre Bedürfnisse abzudecken. Dazu gehören auch klare Vorstellungen davon, ob Sie die Zinsen lieber langfristig festschreiben oder Gelegenheit für eine frische Finanzierung in der Zukunft lassen möchten. Mit diesem Thema beschäftigen wir uns im folgenden Abschnitt.

→ **Konditionen:** Ist Ihnen Flexibilität wichtiger, oder wollen Sie die niedrigsten Kosten? Es verhält sich wie mit einer zu kurzen Tischdecke: Sie können nicht alles gleichzeitig abdecken.

→ **Rückzahlungsplan:** Der Rückzahlungsplan ist im Wesentlichen eine Tabelle, die monats- oder jahresweise auflistet, wie viel Sie monatlich zahlen, wie sich Ihre Rate in Zins und Tilgung aufteilt und wie viel Restschuld dann jeweils noch übrig ist. Bei der Erstellung hilft Ihnen unser Onlinerechner. Aus dem Rückzahlungsplan geht klar hervor, wie viel Schulden Sie am Ende der Zinsbindung noch haben. Außerdem zeigt er die voraussichtliche Gesamtlaufzeit der Finanzierung, also die Dauer bis zur Schuldenfreiheit. Diese steht aber nur bei Volltilgerdarlehen fest. Bei anderen Darlehen schließt sich an die erste Zinsbindung noch mindestens eine Anschlussfinanzierung über die bestehende Restschuld an. Je nach Anschlusszinssatz wird die tatsächliche Laufzeit von der ursprünglich ermittelten abweichen.

→ **Förderung:** Den Anbietern sind eigene Ideen ihrer Kunden zur Inanspruchnahme staatlicher Hilfen immer willkommen. Doch keine Sorge, sie helfen Ihnen auch dabei, nichts zu übersehen. Auch dazu finden Sie weitere Infos im Verlauf dieses Schrittes.

Besser mit Finanzierungsplan

Die eigene Mühe um den Finanzierungsplan ist keine Pflicht. Die Banken oder Vermittler werden die nötigen Daten bei Ihnen abfragen. Doch indem Sie alles übersichtlich aufstellen, bereiten Sie den vierten Schritt, den Kreditantrag, bereits ordentlich vor. Wer informiert ist und seine Zahlen vorliegen hat, erhält im Zweifelsfall bessere Konditionen.

Alternativ können Sie sich in einer Verbraucherzentrale beraten lassen. Die meisten Verbraucherzentralen der Länder bieten Beratungen zur Baufinanzierung an. Anders als Bankberater sind sie unabhängig und wollen Ihnen keine Finanzprodukte verkaufen. Dafür kostet die Beratung Geld.

Der passende Kredit für Ihre Situation

Das Angebot ist vielfältig, und es gibt zahlreiche Wege zu günstigen Darlehen. Entscheidend ist die persönliche Lage.

Nicht jedes Finanzierungsmodell passt zu jedem Haushalt. Für die einen kommt eine Riester-Finanzierung nicht infrage, weil sie nicht zum Kreis der Förderberechtigten gehören. Für andere ist Bausparen nicht flexibel genug. Die einen können sehr schnell abbezahlen, andere müssen den Kredit lang strecken.

Auf der anderen Seite bieten die unterschiedlichen Institutionen heute immer ähnlichere Kreditvarianten an. Von der Bank gibt es auch Bausparverträge, von Bausparkassen gibt es Hypothekenkredite. Auch Versicherer sind ins Geschäft mit den verschiedensten Finanzierungsformen eingestiegen. Gerade Lebensversicherer müssen die eingenommenen Beiträge langfristig und sicher anlegen. Dazu eignet es sich bestens, Baukredite zu vergeben – schließlich laufen sie über Jahrzehnte und sind durch die Immobilie besichert.

Volltilgerdarlehen oder Darlehen mit Restschuld?

Eine Grundsatzentscheidung bei der Suche nach dem richtigen Kredit betrifft die Art des Darlehens. Ein Volltilgerdarlehen zahlen Sie innerhalb seiner Laufzeit komplett zurück. Es ähnelt damit einem Autokredit, den Sie im Rahmen einer Vertragslaufzeit komplett abbezahlen müssen. Hier wie dort zahlen Sie Ihre ganzen Schulden in den gleichen Raten und zu einem gleichbleibenden Zinssatz zurück. In der Immobilienwelt ist das jedoch – anders als bei anderen Kreditarten – nicht selbstverständlich.

Häufig bleibt in der Wohnraumfinanzierung nach Ablauf des ersten Kredits eine Restschuld. Die Zinsbindung für den Kredit endet zwar nach ein paar Jahren, doch die Immobilie ist noch nicht abbezahlt, das heißt, Sie schulden der Bank noch einen Haufen Geld. Die Kreditnehmerin braucht dann eine Anschlussfinanzierung.

Beides hat Vor- und Nachteile:

→ **Vorteil Volltilgerdarlehen.** Wer ohnehin zügig tilgen will, muss sich nicht mit Anschlussfinanzierungen herumschlagen und wählt gleich ein Volltilgerdarlehen. Auch wer auf der sicheren Seite stehen und jetzt schon die Monatsrate kennen will, die er in 25 Jahren zahlen muss, liegt damit richtig. In Niedrigzinsphasen neigen die Käufer zum Volltilgerdarlehen, weil sie damit die Zinsen bis zur Schuldenfreiheit festschreiben.

→ **Vorteil einer kürzeren Zinsbindung.** Bei gleicher Laufzeit ist das Volltilgerdarlehen teurer als ein Darlehen, dessen Zinsbindung schon vorher endet. Bei Volltilgerdarlehen gibt es häufig keine flexiblen Rückzahlungsmöglichkeiten, etwa Sonderzahlungen oder einen Wechsel der Monatsrate. Immerhin räumt Ihnen das Gesetz die Möglichkeit ein, Darlehen mit mehr als zehn Jahren Zinsbindung zu kündigen und eine neue Finanzierung zu suchen, sobald zehn Jahre seit der Auszahlung vorbei sind. Auch Sondertilgungen sind dann mit einer Frist von sechs Monaten möglich.

Besser niedrige Zinsen binden

→ **Sicherheit schaffen.** Wenn Sie zu einer Zeit abschließen, in der Sie Zinssätze von 1 bis 2 Prozent am Markt erhalten, oder in Phasen nach Wirtschaftskrisen gar unter 1 Prozent, dann sollten Sie sich diese Zinsen langfristig sichern, mindestens für 10 Jahre, besser noch für 15 oder 20 Jahre. Ganz sicher gehen Sie mit einem Volltilgerdarlehen mit festem Zinssatz und gleichbleibenden Raten für die ganze Laufzeit. Die Zinssätze aus der Werbung gibt es übrigens oft nur für kürzer laufende Kredite.

→ **Nachteile.** Die Geldgeber verlangen für eine lange Bindung höhere Zinsen als für eine kurze. Sie erkaufen Sicherheit also mit anfangs höheren Zinsen.

→ **Szenarien.** Wenn Sie Ihre Schulden mit dem ersten Kredit nur halb abtragen, kann es sein, dass die Zinsen inzwischen gestiegen sind und Sie teurer refinanzieren müssen. Dann können Ihre Monatsraten steigen – oder die Tilgung streckt sich über einen längeren Zeitraum.

→ **Rechner.** Wenn Sie gut mit Excel oder einer anderen Tabellenkalkulation umgehen können, nutzen Sie doch unseren Risiko-Rechner für Immobiliendarlehen, um Szenarien durchzuspielen: Sie finden den kostenlosen Rechner für Baudarlehen, wenn Sie auf test.de nach „Risikocheck" suchen.

Hypothekendarlehen

Als Nächstes stellt sich die Frage der Kreditart. Ein Hypothekendarlehen ist denkbar einfach aufgebaut: Die Bank leiht Ihnen Geld, Sie zahlen es zurück und entrichten dazu die Zinsen. Sie sind besonders günstig, weil die

Volltilgerdarlehen

Vereinfacht gesagt können Sie ein Volltilgerdarlehen in einem Rutsch abzahlen, während Sie für ein Darlehen mit Zinsbindungsfrist immer eine Anschlussfinanzierung benötigen.

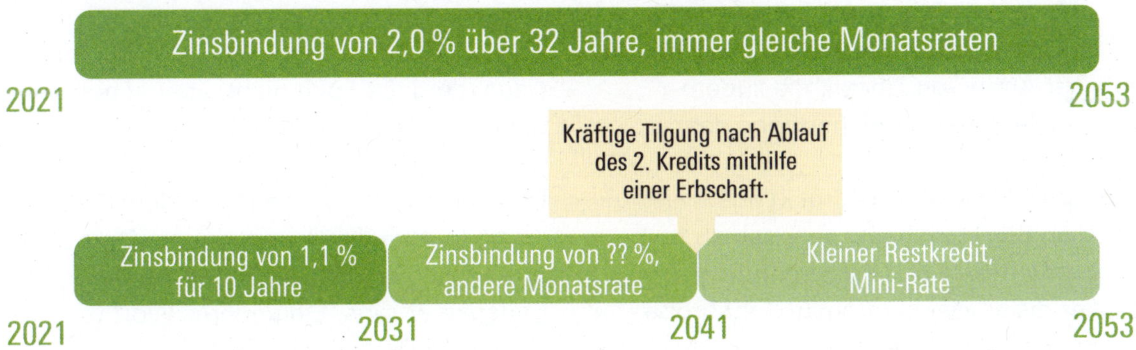

Bank sich Zugriff auf das Haus oder die Wohnung vorbehält. Diese Sicherheit ist die Grundschuld. Wenn die Kreditnehmerin dann noch mindestens ein Fünftel Eigenkapital mitbringt, besteht zusammen mit der Besicherung nur ein geringes Verlustrisiko für die Bank. Das erklärt die günstigen Zinsen von Hypothekendarlehen im Vergleich zu Konsumkrediten, wo der Kunde das Geld einfach ausgibt und kein Wert zurückbleibt.

Die meisten Finanzierungen laufen heute über Hypothekenkredite. Dank niedriger Zentralbankzinsen zahlen Immobilienkäufer heute weitaus weniger an Darlehenszinsen als in vergangenen Jahrzehnten.

Andere geläufige Bezeichnungen lauten Bankdarlehen, Immobilienkredit, Baukredit oder Hauskredit. Gemeint ist das Gleiche.

Unterschiedliche Formen von Hypothekenkrediten

In der Immobilienfinanzierung ist der Basiskredit fast immer ein Hypothekendarlehen, das mit einer Grundschuld besichert ist. Dennoch schwirren auf den Webseiten von Finanzfirmen, Beratern und Vermittlern zahlreiche weitere Begriffe umher. Wir erklären hier die wichtigsten Unterschiede.

→ **Annuitätendarlehen.** Die Mehrheit der Immobilienkredite sind Annuitätendarlehen. Das Wort bedeutet: Sie zahlen bis zum Ablauf der Zinsbindung jeden Monat die gleiche Rate. Darin sind Zins und Tilgung enthalten, wobei der Anteil der Tilgung immer weiter steigt, während die Schulden abschmelzen.

→ **Darlehen mit Sollzinsbindung.** Während der Zinsbindungsfrist des Darlehens bleibt der Zins bei vereinbarter Sollzinsbindung gleich. Auch das ist die Regel bei Immobilienkrediten.

→ **Darlehen mit variablem Zins.** Die Bank kann hier alle paar Monate den Zins neu festlegen. In Zeiten niedriger Zinsen ist das höchst ungünstig. Wenn eine Bank Ihnen so eine Variante anbietet, werden Sie bitte misstrauisch.

→ **Endfällige Darlehen.** Das Gegenteil des Annuitätendarlehens mit laufender Tilgung. Hier löst die Kreditnehmerin die gesamte Summe am Ende auf einen Schlag ab. Die Jahre bis dahin tilgt sie nicht und zahlt nur Zinsen. Die Schulden bleiben immer gleich hoch. Deshalb zahlt sie die ganze Zeit den vollen Betrag an Zinsen, während er beim Annuitätendarlehen abnimmt. Sie zahlt also unterm Strich mehr Zinsen. Dieses Modell eignet sich nur selten zur Immobilienfinanzierung durch Privatleute. Wenn Sie eine lukrativere Möglichkeit zur Geldanlage sehen, in die Sie die aufgeschobenen Tilgungszahlungen investieren, könnten Sie zwar theoretisch einen Zinsgewinn erzielen. Das Manöver ist aber kompliziert und riskant: Was, wenn Ihr renditestarkes Investment platzt

INFO

Dschungel der Zinsen

Banken und Berater jonglieren mit einer Vielzahl unterschiedlicher Arten von Zinsen, die zudem noch unter verschiedenen Bezeichnungen daherkommen.

→ **Effektivzins:** Der Effektivzins drückt aus, was Sie tatsächlich an den Darlehensgeber zahlen müssen. Denn er enthält auch Kosten und Gebühren. Damit ist er die aussagekräftigste Kenngröße des Kredits. Je niedriger, desto besser.

→ **Sollzins:** Beim Sollzins handelt es sich um die eigentlichen Zinsen. Der Wert ist immer kleiner als der Effektivzins, in den auch Einmalkosten eingerechnet werden. Der Sollzinssatz ist dagegen der Wert, der monatlich mit der verbleibenden Schuld multipliziert wird, um die aktuelle Zinszahlung zu berechnen.

→ **Effektiver Jahreszins:** Ein anderes Wort für Effektivzins.

→ **Nominalzins, Bauzins, Kreditzins:** Andere Worte für Sollzins.

→ **Bereitstellungszins:** Der Bereitstellungszins fällt dann an, wenn die Bank mit der Auszahlung auf Sie warten muss statt umgekehrt. Wenn Sie beispielsweise einen Kredit beantragt haben und die Bank bereit ist, ihn auszuzahlen, der Kauf sich aber verzögert, fordert sie Bereitstellungszinsen. Sie sollten Ihr Projekt nach Möglichkeit so organisieren, dass Sie das vermeiden.

und Sie am Ende doch kein Geld haben, um das endfällige Darlehen zu tilgen?

Das endfällige Darlehen kann aber zum Beispiel sinnvoll sein, wenn Kreditnehmer eine Lücke überbrücken müssen:

→ Zur Zwischenfinanzierung, wenn eine vorhandene Immobilie verkauft wird, die Einnahmen daraus noch nicht eingegangen sind, der Preis für das neue Objekt jedoch bereits zu zahlen ist.

→ Zur Vorfinanzierung eines Bausparvertrags, der jetzt noch nicht, aber schon recht bald zuteilungsreif wird.

Das endfällige Darlehen ist zudem Teil des Kombikredits der Bausparkasse. Dort überbrückt es die gesamte Ansparphase des Bausparvertrags. Ein anderes Wort für das endfällige Darlehen lautet „Zinszahlungsdarlehen".

→ Zur Vorfinanzierung der Auszahlung aus einer Kapitallebensversicherung mit noch hoher Garantieverzinsung,

→ Zur Vorfinanzierung einer bestehenden Geldanlage, die noch nicht fällig ist und nicht vorzeitig kündbar ist.

Kombikredit

Der Kombikredit ist ein Angebot der Bausparkassen. Andere Namen dieser Finanzierungsmöglichkeit lauten Bausparsofortdarlehen oder Kombidarlehen. Die Grundidee dahinter ist, die langjährige Ansparphase mit einem Kredit zu überbrücken. Wer bereits bauspart, kann diesen Abschnitt daher überspringen. Es geht hier um Sofortangebote der Bausparkassen für Neueinsteiger.

Das klassische Bausparen beginnt viele Jahre vor dem Hauskauf – doch mit einem Trick können auch absolute Neukunden bei der Bausparkasse sofort Geld für ihre Finanzierung bekommen.

Die Bausparkassen reagieren mit dem offensiv beworbenen Angebot einer Sofortfinanzierung auch auf eine entscheidende Erkenntnis ihrer Kunden: Die Zinsen sind jetzt niedrig – wie sie in zehn Jahren aussehen, weiß keiner. Die Folge war nach Angaben des Verbands der Privaten Bausparkassen, dass die Sofort- und Zwischenfinanzierungen 2019 fast 26 Mal so hoch waren wie die ausgezahlten Bauspardarlehen. Doch indem die Bausparkassen die Ansparphase für

So funktioniert ein Kombikredit

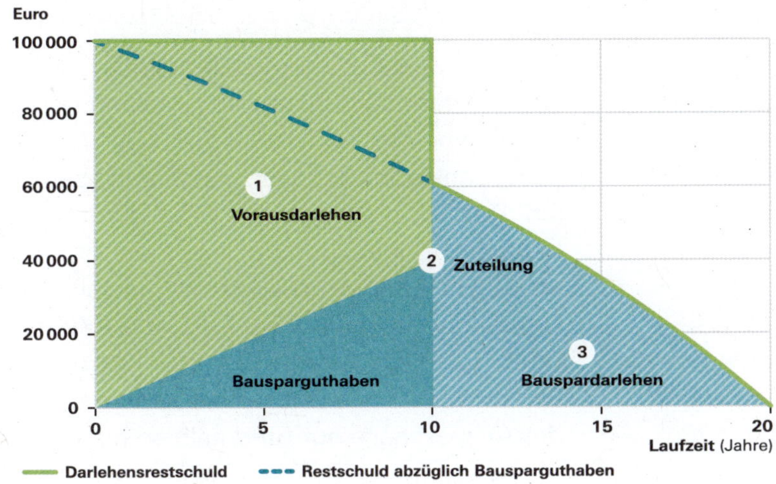

① Der Kreditnehmer bekommt ein Darlehen in Höhe von 100 000 Euro, für das er nur die Zinsen zahlt. Gleichzeitig schließt er einen Bausparvertrag mit einer Bausparsumme von 100 000 Euro ab und zahlt darauf regelmäßige Sparraten.

② Wenn das Mindestguthaben (hier: 40 000 Euro) angespart ist und der Vertrag eine ausreichend hohe Bewertungszahl hat, wird die Bausparsumme (100 000 Euro) zugeteilt. Damit zahlt der Kreditnehmer das Vorausdarlehen zurück. Die Bausparsumme besteht aus dem Guthaben und einem Bauspardarlehen in Höhe der Differenz aus Bausparsumme und Guthaben.

③ Nach der Zuteilung muss der Kreditnehmer noch das Bauspardarlehen zurückzahlen. Dafür zahlt er gleichbleibende Monatsraten aus Zins und Tilgung, bis der Kredit vollständig getilgt ist.

entbehrlich erklärt haben, haben sie auch die Grenze zur klassischen Kreditvergabe verwischt. Einige Bausparkassen kooperieren für das Geschäft mit Sofortkrediten tatsächlich mit einer Bank, beispielsweise mit den Sparkassen aus dem gleichen Verbund.

Die Sofortfinanzierung nennt sich Kombikredit, weil hier zwei Produkte zusammengeschraubt sind. Der Rahmen des Konstrukts ist der klassische Bausparvertrag. Der besteht bekanntlich aus zwei Teilen: der mehrjährigen Ansparphase und der Abzahlungsphase. Für die Ansparphase ist nun allerdings beim „Sofort"-Modell keine Zeit. Die Bausparkasse oder eine Bank vergibt daher einen Kredit in Höhe der Bausparsumme. Die Kunden bekommen also sofort Geld zum Bauen oder Kaufen und müssen nicht bis zur Zuteilung des Bausparvertrags warten.

Ab jetzt überweisen die Darlehensempfänger monatliche Beträge an die Bausparkassen – doch sie zahlen nicht etwa einfach ihren Kredit ab. Während sie sich gerade verschuldet haben, beginnen sie gleichzeitig zu sparen. Denn sie bedienen den Sparteil des Bausparvertrags, zahlen also Bausparraten. Noch einmal anders gesagt: Sie sparen das Geld an, das sie eigentlich gerade ausgegeben und per Kredit finanziert haben. Der Bank zahlen sie dabei nur die Zinsen, sie tilgen die eigentliche Schuld daher vorerst nicht. Die Tilgung erfolgt erst später – und zwar dann, wenn der Bausparvertrag nach einigen Jahren zugeteilt wird. Dafür tilgen sie dann den ganzen Bankkredit auf einen Schlag. Mit der Bausparsumme – ihrem Guthaben und einem Bauspardarlehen – lösen also die Bausparer den Kredit ab, auf den sie bisher nur Zinsen gezahlt haben. Nun treten sie in die Rückzahlungsphase ein wie andere Bausparkunden auch. Ab hier unterscheiden sich die Produkte nicht mehr. Die Grafik „So funktioniert ein Kombikredit" oben zeigt die Phasen des Kombi-Darlehens.

Bausparvertrag und Vorausdarlehen sind in der Regel so aufeinander abgestimmt, dass Kreditnehmer während der gesamten Laufzeit feste Monatsraten zahlen. Die Kombikredite ähneln daher im Ergebnis den Volltilgerdarlehen der Banken. Sie bestehen allerdings aus zwei sehr unterschiedlichen Finanzierungsabschnitten.

Das alles ist doppelt so kompliziert wie klassisches Bausparen und um ein Vielfaches komplizierter als der direkte Bankkredit. Denn die Kreditnehmer schließen zwei Verträge ab statt nur einen.

UNSER RAT

Zinsvergleich beim Kombikredit

Die Werte für den Effektivzins, die Ihnen die Bausparkasse für den Kombikredit nennt, lassen sich zwar mit dem Effektivzins eines Hypothekenkredits über die gleiche Summe vergleichen. Damit Sie nicht Äpfel mit Birnen vergleichen, müssen Sie dabei aber ein paar Dinge beachten:

→ **Doppelter Sollzins:** Sie haben es beim Kombikredit mit zwei Sollzinssätzen zu tun. Da ist erstens der für das Vorausdarlehen und zweitens der für das Bauspardarlehen. Die Zinssätze enthalten aber weder die Gebühren noch die Sparraten für den Bausparvertrag und sind deshalb für einen Vergleich untauglich. Die Anbieter werben mit dem Sollzins für das Vorausdarlehen – als ob dieser Wert auch nur annähernd mit dem Sollzins für einen Hypothekenkredit vergleichbar wäre.

→ **Doppelter Effektivzins:** Die Anbieter jonglieren mitunter auch mit mehreren Effektivzinsen für die Teilprodukte, obwohl der Sinn des Effektivzinses ist, alle Kosten der Finanzierung abzubilden. Achten Sie stattdessen auf den einheitlichen Effektivzins für den Kombikredit. Den müssen die Bausparkassen bei Kombikreditangeboten seit 2016 ausdrücklich angeben.

→ **Zahlungsplan:** Lassen Sie sich für jedes Angebot einen vollständigen Zahlungsplan aushändigen, einschließlich eines Spar- und Tilgungsplans für den Bausparvertrag.

Der Kombikredit ist nicht zu verwechseln mit Vor- und Zwischenfinanzierungen für Bausparer mit einem bereits bestehenden Vertrag, die bloß ihre Bausparsumme noch nicht ganz erreicht haben. Die Vor- und Zwischenfinanzierung verändert am Bausparen als solchem nicht viel, sie schafft nur eine Überbrückung.

Die Bausparkassen haben es nicht leicht, ihr Versprechen niedriger Zinsen auch beim Kombikredit einzulösen. In der Ansparphase leihen die Kunden sich schließlich die gesamte Bausparsumme auf einmal, ohne sie zu tilgen. Sie zahlen also jahrelang den Maximalbetrag für den Sollzins, den sie beim Bankkredit nur ganz am Anfang zahlen. Denn dort schmilzt die Kreditsumme im Laufe der Zeit ab, der Zins sinkt, die Tilgung steigt. Die Kunden erhalten zwar gleichzeitig Guthabenzinsen für das angesparte Kapital. Doch das gleicht diesen Nachteil nicht aus. Schließlich ist das Guthaben selbst am Ende der Ansparphase nur rund halb so hoch wie der Vorauskredit. Zudem sind Soll- immer höher als Habenzinsen.

Kombikredit, ja oder nein?

Die Kombikredite haben also einige Nachteile, aber auch Vorteile. Für wen kommen sie infrage, und worauf sollten Sie achten?

→ **Vorteile:** Es droht während der gesamten Laufzeit kein Zinserhöhungsrisiko (also bis zur kompletten Rückzahlung des Kredits), wenn der Zinssatz für das Darlehen bis zur Zuteilung fixiert ist. Nach Zuteilung sind zudem beliebig hohe Sondertilgungen kostenfrei möglich. Die Produkte werden häufig auch mit Riester-Förderung angeboten.

→ **Nachteile:** Es gibt nur niedrige Zinsen für die Ersparnisse, zugleich fallen hohe Gebühren für den Bausparvertrag an. Vor der Zuteilung ist kein Ratenwechsel möglich, Sonderzahlungen sind dann oft ausgeschlossen. Der Zuteilungstermin ist nicht garantiert.

→ **Auf Festzins achten.** Der ganze Sinn der Kombikredite besteht darin, sich feste Zinsen für die gesamte Laufzeit der Finanzierung zu sichern. Einen Kombikredit sollten Sie daher nur mit garantierten Darlehenszinsen bis zur Zuteilung des Bausparvertrags abschließen. Endet die Zinsbindung schon Jahre vorher, drohen hohe Zusatzkosten, falls die Zinsen für Hypothekendarlehen bis dahin steigen.

Besparter Bausparvertrag

Wenn Sie bereits einen Bausparvertrag bespart haben, dann können Sie mit dem Kauf in die Darlehensphase eintreten. In Schritt 1 haben wir uns bereits mit dem Bausparvertrag als Quelle von Eigenkapital beschäftigt. Hier taucht der gleiche Vertrag in einem anderen Zusammenhang auf – beim Thema Kredite. Denn das Bausparen ist zum Zeitpunkt der Zuteilung beides: eine Quelle von Eigenkapital und ein Kredit.

→ **Zuteilungsreif:** Ist Ihr Bausparvertrag bereits zugeteilt, können Sie kurzfristig Ihr Guthaben abrufen und als Eigenkapital einsetzen. Außerdem steht Ihnen ein Bauspardarlehen zu, meist in Höhe der Differenz zwischen Bausparsumme und Guthaben. In den meisten Fällen wird das Geld von der Bausparkasse nicht ausreichen, um einen kompletten Kauf oder Bau mit allen Kosten zu stemmen. Lesen Sie daher im nächsten Abschnitt: „Bausparen plus Bank" weiter. Sie müssen in diesem Fall ein Paket mit einem zusätzlichen Kredit schnüren. Die Bausparsumme kann Ihnen dabei jedoch eine große Hilfe sein. Wenn alles zeitlich optimal zueinander passt, haben Sie bereits die Zuteilungsnachricht von Ihrer Bausparkasse erhalten und brauchen die Zuteilung nur noch anzunehmen.

→ **Nicht zuteilungsreif:** Nicht immer passt jedoch alles so gut zusammen. Die Anbieter wissen das. Also bieten sie ihren kauf- oder bauwilligen Kunden die entsprechenden Produkte zur Überbrückung an: Voraus- und Zwischenkredite. Letztere greifen dann, wenn Sie schon die Mindestsparleistung (je nach Tarif meist 30 bis 50 Prozent der Bausparsumme) erreicht und die Mindestsparzeit hinter sich gebracht haben. Der konkrete Zeitpunkt der Zuteilung hängt schließlich auch von anderen Einflüssen ab. Der Effekt ist der gleiche: Sie bekommen Geld in Höhe der Bausparsumme sofort ausgezahlt und müssen dafür nicht auf die Zuteilung warten.

Lohnt das Bauspardarlehen?

Es gibt allerdings auch hier ein Haar in der Suppe. Sie sollten prüfen, ob das Bauspardarlehen sich für Sie überhaupt lohnt. Neue Bankkredite sind in Zeiten der Geldschwemme durch die Zentralbanken oft spottbillig. Wenn Ihr Bausparvertrag aus der alten Zeit hoher Zinsen stammt, dann haben Sie zwar von einem ungewöhnlich hohen Sparzins zu Ihren Gunsten profitiert, die Bausparkasse wird aber auch einen hohen Darlehenszins für den Kredit verlangen.

Auch bei neueren Bausparverträgen sind die Zinsen für das Bauspardarlehen auf den ersten Blick oft höher als ein gewöhnliches Bankdarlehen. Allerdings sollte niemand vorschnell auf das Bauspardarlehen verzichten. Der Grund: Mit dem Bauspardarlehen benötigen Sie weniger Kredit von einer Bank. Und je kleiner der Anteil des Bankkredits am Immobilienwert ist, desto günstiger ist meist der Zinssatz, den die Bank Ihnen anbietet. Denn der Bankkredit ist hier um das Bauspardarlehen kleiner als eine komplette Finanzierung durch die Bank. Damit deckt er einen kleineren Anteil des Immobilienwerts ab. Die Lage ist so, als habe der Käufer etwas mehr Eigenkapital mitgebracht.

Es besteht also die Chance, dass Sie den benötigten Bankkredit zu einem günstigeren Zinssatz bekommen, wenn Sie das Bauspardarlehen nehmen. Diesen Zinsvorteil sollten Sie mit berücksichtigen, bevor Sie sich gegen das Bauspardarlehen entscheiden. Wenn Ihr Bausparvertrag aus einer Niedrigzinsphase stammt, dann ist das Darlehen umso kostbarer. Es garantiert dann die niedrigen Zinsen bis weit in die Zukunft.

Beispiel 1: Bauspardarlehen lohnt sich

Für eine 240 000 Euro teure Wohnung benötigt der Käufer 200 000 Euro Kredit. Er kann ein Bauspardarlehen von 33 000 Euro abrufen. Nimmt er das Bauspardarlehen, sinkt der nötige Bankkredit von 83 auf 70 Prozent des Immobilienwertes (167 000 Euro). Dadurch wird der Zinssatz günstiger. Ergebnis: Obwohl der Zinssatz für das Bauspardarlehen mit 1,75 Prozent relativ hoch ist, spart der Käufer damit 2 189 Euro Zinsen.

	Kombination aus Bank- und Bauspardarlehen			Nur Bankdarlehen[1]
	Bank[1]	Bausparkasse	Kombination	
Kreditbetrag (Euro)	167 000	33 000	200 000	200 000
Sollzins (Prozent)	1,00	1,75	1,08	1,20
Tilgungssatz (Prozent)	1,87	9,16	3,12	3,00
Monatsrate (Euro)	400	300	700	700
Restschuld nach 10 Jahren (Euro)	134 096	0	134 096	136 285

Beispiel 2: Bauspardarlehen lohnt sich nicht

Die Tabelle zeigt die Finanzierung aus dem Beispiel oben – nur mit etwas anderen Konditionen: Der Zinssatz für das Bauspardarlehen beträgt 2,75 Prozent. Der Zinssatz für das Bankdarlehen steigt nur um 0,10 Prozentpunkte, wenn der Kunde von der Bank 200 000 statt 167 000 Euro aufnimmt. Ergebnis: Das Bauspardarlehen lohnt sich nicht. Mit dem Verzicht auf das Darlehen spart der Kreditnehmer 1652 Euro.

	Kombination aus Bank- und Bauspardarlehen			Nur Bankdarlehen[1]
	Bank[1]	Bausparkasse	Kombination	
Kreditbetrag (Euro)	167 000	33 000	200 000	200 000
Sollzins (Prozent)	1,00	2,75	1,19	1,10
Tilgungssatz (Prozent)	1,87	8,16	3,01	3,10
Monatsrate (Euro)	400	300	700	700
Restschuld nach 10 Jahren (Euro)	134 096	2 049	136 145	134 493

[1]Zehn Jahre Zinsbindung.

Die Tabellen links bieten Beispiele, dafür, wann sich die Annahme des Darlehens rechnet und wann nicht. Der Unterschied zwischen dem oberen und dem unteren Beispiel besteht vor allem im Zins des Bauspardarlehens. Im einen Fall lohnt die Annahme des Bausparsumme, im anderen Fall nicht.

Beide fiktiven Kunden in den Beispielen besitzen bereits einen Bausparvertrag, in den sie seit Jahren Geld eingezahlt haben. Sie können daher die Bausparsumme abrufen. Im Vertrag des Kunden im oberen Beispiel sind jedoch 1,75 Prozent Zinsen für das Darlehen festgeschrieben, der Kunde im unteren Beispiel müsste 2,75 Prozent bezahlen. Beide Werte liegen deutlich über dem aktuellen Marktpreis für Kredite. Dennoch lohnt es sich für den Wohnungskäufer aus Beispiel 1, das Bauspardarlehen zu nutzen. Es verbilligt den ebenfalls nötigen Bankkredit in entscheidendem Maße.

Der Bausparkredit für den Käufer aus Beispiel 2 ist jedoch nochmals um einen Prozentpunkt teurer. Während der Zinsvorteil für den Bankkredit im ersten Beispiel noch überwogen hat, kann er hier die hohen Kosten für das Darlehen nicht ausgleichen. Die Kombination aus Bausparsumme und Bankkredit ist teurer als die reine Finanzierung über den Bankkredit. Das lässt sich im Vergleich der Spalten „Kombination" und „Nur Bankdarlehen" ablesen. Im oberen Beispiel sind bei Kombination aus Bausparkasse und Bank nach zehn Jahren weniger Schulden übrig als bei reiner Bankfinanzierung. Im unteren Beispiel ist es umgekehrt.

Bausparen plus Bank

Für die Eigenheimfinanzierung müssen Sie Ihren Bausparvertrag in der Regel mit einem Bankkredit kombinieren. Das halten wir generell in vielen Fällen für eine sinnvolle Verknüpfung von Finanzierungsquellen. Oft ist sie auch die einzige Möglichkeit, etwas mit dem Bausparvertrag anzufangen – meist ist die Bausparsumme von Verträgen, die in jungen Jahren mit geringen Sparraten abgeschlossen wurde, zu niedrig, um heute damit eine Immobilie zu finanzieren. Es finden sich schließlich kaum noch gute Objekte für 100 000 oder 200 000 Euro – typische Bausparsummen aus Verträgen, die zum Beispiel Eltern einst für ihren heute erwachsenen Nachwuchs abgeschlossen haben.

Die Beispiele auf Seite 66 zeigen, wie so etwas zusammengesetzt sein kann. Der Käufer besitzt einen kleinen Bausparvertrag, aus dem er 33 000 Euro abrufen kann. Nach Nutzung seiner anderen Eigenkapitalquellen braucht er noch 200 000 Euro, um seine Immobilie zu finanzieren. Die Bank schießt ihm als Kredit 167 000 Euro zu.

Nachrangiger Kredit

Die Bausparkassen und einige Förderbanken geben sich mit Krediten zufrieden, die im Grundbuch nicht „an erster Stelle stehen". Das bedeutet: Wenn der Empfänger des Darlehens es nicht mehr zurückzahlen kann, wird aus dem Verkauf des Hauses oder der Wohnung erst der Gläubiger bedient, der im Grundbuch im ersten Rang eingetragen ist, danach der Gläubiger im zweiten Rang und immer weiter der Reihe nach. Einige Förderbanken der Länder gehen dieses Risiko im politischen Auftrag ein. Die Bausparkassen machen es traditionell so. Die Banken sehen es besonders wohlwollend, wenn andere Finanzierungsbausteine nur nachrangig eingetragen sind. Wenn der Kunde seine Raten nicht mehr bezahlen kann, dann kommen sie fast sicher auf ihre Kosten. Sie werden nach der Zwangsversteigerung zuerst aus dem Erlös bedient.

INFO

Das Wohneigentumsprogramm 124 der KfW

Für das Wohneigentumsprogramm 124 gelten folgende Eckpunkte (Stand: März 2021):

- → Nur für selbst bewohnte Immobilien. Ansonsten keine Einschränkungen beim Kreis der Berechtigten
- → Bis zu 100000 Euro Kreditbetrag pro Wohnung
- → 0,91 Prozent Sollzins bei fünf Jahren Zinsbindung
- → 0,98 Prozent Sollzins bei zehn Jahren Zinsbindung
- → Sie zahlen mindestens ein und höchstens drei Jahre nur die Zinsen und keine Tilgung. Das verkleinert die monatliche Rate in diesem Zeitraum, erhöht aber bei gleicher Laufzeit die regulären Raten ab Beginn der Tilgung.
- → Als Annuitätendarlehen (monatliche Rate) oder als endfälliges Darlehen (Rückzahlung zum Schluss, insbesondere durch einen Bausparvertrag) möglich
- → Vergabe über die Geschäftsbanken (also Ihre Hausbank oder Online-Bank)
- → Achten Sie darauf, die Kreditzusage vor dem Bau oder Kauf einzuholen. Die Kosten für das Grundstück finanziert die KfW aber auch mit, wenn Sie es bis zu einem Jahr vorher gekauft haben.

Die KfW

Das Wohneigentumsprogramm der KfW ist eigentlich eher ein staatliches Förderinstrument, doch wir führen es hier als Kreditmöglichkeit auf. Was der Immobilienkäufer oder die Bauherrin hier erhält, unterscheidet sich nicht groß von einem herkömmlichen Bankdarlehen. Bis zu 100000 Euro lassen sich als Baustein für die Immobilienfinanzierung abrufen.

Das Programm steht allen offen, die eine Immobilie bauen oder kaufen, um selbst darin einzuziehen. Besuchen Sie doch einmal die Homepage kfw.de, klicken Sie im Menü links oben auf Privatpersonen und dann auf „Neubau" oder auf „Bestehende Immobilie", je nachdem, ob Sie bauen oder kaufen wollen. Unter „Bestehende Immobilie kaufen" finden Sie die Seite „Wohnung und Haus mit staatlicher Förderung finanzieren". Dort können Sie sich über den aktuellen Stand des Förderangebots informieren. Die KfW-Programme tragen laufende Nummern, um sie zu unterscheiden. Das Wohneigentumsprogramm hat die Nummer 124, es heißt also auch „KfW-Förderung 124".

Bevor Sie aber direkt eine E-Mail an die Adresse der KfW schreiben: Sie ist nicht die Ansprechpartnerin. Stattdessen ist die Bank oder Bausparkasse zuständig, bei der die Kunden ihren Hauptkredit beantragen. Die Berater dort helfen Ihnen auch dabei, das passende Förderprodukt herauszusuchen.

Der Zins der KfW-Kredite liegt auf den ersten Blick häufig gar nicht so weit unter den Angeboten am freien Markt, oft sogar ein wenig höher. Auch hier lohnt sich der Vergleich zwischen verschiedenen Anbietern. Denn die KfW bietet den Banken einen Anteil an den Zinsen für ihre Dienste. Wenn eine Bank auf einen Teil ihrer Zinsmarge verzichtet, kann sie den KfW-Kredit besonders günstig durchleiten. Damit verschafft sie sich im Konkurrenzkampf um die Kunden für Immobilienkredite einen Vorteil – und Sie erhalten bessere Konditionen.

Aber Vorsicht: Sie sollten sich nicht von dem Superniedrigzins für den Förderkredit blenden lassen und dabei schlechte Bedingungen für den Hauptkredit übersehen.

Da fast jede Privatperson ihn beantragen kann, ist die Gefahr, den Kredit aus der KfW-Förderung 124 am Ende nicht zu erhalten, gering. Es stellt sich eher die Frage, ob er sich in Ihrem Fall lohnt. Wenn Sie genug Eigenkapital haben, kann es sein, dass er keinen nennenswerten Unterschied für Ihren Finanzplan macht.

Umgekehrt sollten Sie darauf pochen, dass die Berater die Möglichkeit eines KfW-Kredits einberechnen, wenn Sie der Meinung sind, dass das sinnvoll ist. Einige Finanzinstitute zieren sich hier. Schließlich geht die KfW-Kreditsumme von den Mitteln ab, die sie gegen Zinsen verleihen. Auch bedeutet die Durchleitung des KfW-Kredits etwas mehr Aufwand, und moderne Online-Banken haben die Abläufe gerne stromlinienförmig. Die Bonitätsprüfung ist übrigens die gleiche wie beim regulären Kredit: Die Bank erledigt das in einem Aufwasch.

Der Normalfall für die Nutzer des KfW-Wohneigentumsprogramms ist das Annuitätendarlehen, das nach Auskunft der Bank 97 Prozent der Anträge ausmacht.

Die seltenere Extremvariante als endfälliges Darlehen mit mehrjähriger Tilgungsfreiheit eignet sich gut, um die Zeit bis zur Zuteilung eines Bausparvertrags zu überbrücken. Auch mit dieser Anwendung hat die KfW kein Problem. Vermittlerin wäre hier Ihre Bausparkasse.

INFO

Bundesförderung für effiziente Gebäude (BEG)

Zusammenfassung mehrerer Förderprogramme zum Thema Energiesparen ab 1. Juli 2021:

Neubau (KfW)

→ Je nach Effizienzhausklasse Tilgungszuschuss von 15 bis 25 Prozent des Kreditbetrags

→ oder direkter Zuschuss zwischen 18 000 bis zu 37 500 Euro je neu geschaffener Wohneinheit

Sanierung (KfW)

→ Je nach Effizienzhausklasse Tilgungszuschuss bis zu 50 Prozent des Kreditbetrags

→ oder direkter Zuschuss zwischen 30 000 und 75 000 Euro je Wohnung

→ Extra-Zuschüsse bei Entwicklung eines Sanierungsplans mit einem Energieeffizienzexperten sowie Fachplanung und Baubegleitung.

→ Weitere Programme für Einzelmaßnahmen wie Wärmedämmung oder Brennwertheizungen verwaltet das Bundesamt für Wirtschaft und Ausfuhrkontrolle (Bafa)

Die Öko-Programme

Wenn Sie nach dem Kauf sanieren und modernisieren, sollten Sie sich erkundigen, ob staatliche Förderung für Sie infrage kommt. Der wichtigste Geldgeber ist hier die Bundesregierung. Sie vergibt die Mittel über zwei Institutionen: die KfW und die Bundesanstalt für Wirtschaft und Ausfuhrkontrolle (Bafa). Beide verwalten Programme, mit denen die Regierung eine Aufwertung des Gebäudebestands vorantreiben will. Das Geld gibt es sowohl für den Neubau als auch für die Sanierung eines bestehenden Hauses nach dem Kauf. Es kommt in der Regel in zwei Varianten, zwischen denen Sie sich entscheiden können: als günstiger Kredit oder als direkter Barzuschuss, den Sie nutzen können, ohne ihn zurückzuzahlen. Die Zuschüsse müssen direkt beim Bafa oder auf der Webseite der KfW beantragt werden. Die Kredite der KfW werden über die Hausbank vermittelt. Diese ist allerdings nicht verpflichtet, die kleinen Beträge durchzuleiten. Immerhin stehen Ihre Chancen besser, wenn Sie ohnehin Ihr großes Projekt dort finanzieren.

Leider liegen die Hürden für die Programme recht hoch. Eine Förderung gibt es nur, wenn die gesetzlichen Standards deutlich übertroffen werden. Am Ende kommen also nicht so viele Bürger in den Genuss der Förderung, wie das für den Klimaschutz vermutlich sinnvoll wäre. Wenn Sie ohnehin den Bau eines Hauses mit Top-Isolierung und Sonnenkollektoren auf dem Dach planen, dann könnte die Förderung ein nützlicher Baustein für Ihre Finanzierung sein. Beim Einbau einer neuen Heizung hilft das Programm nur, wenn diese zumindest teilweise mit erneuerbaren Energiequellen arbeitet, also etwa Solarthermie, Biomasseanlagen oder Wärmepumpen. Wenn Sie einfach Öl durch Gas ersetzen, haben Sie keinen Anspruch mehr auf Zuschüsse.

Auch für barrierereduzierende Umbauten gibt es Geld. Die Überwindung von Treppen, Stufen und Schwellen hilft nicht nur im Hinblick aufs höhere Alter, sondern auch beim Umgang mit Fahrrädern und Kinderwagen.

Weitere Informationen zu den Programmen finden Sie unter kfw.de und bafa.de.

Konsumkredite

Sie können sich von der Bank auch Geld leihen, ohne den Kredit durch die Immobilie zu besichern. Damit entfallen viele Schritte von der Objektbeschreibung bis zur Grundbucheintragung. Wenn die Immobilie bereits durch eine Grundschuld belastet ist und Sie so viel Eigenkapital haben, dass Ihnen nur noch 40 000 Euro fehlen, dann können Sie bei der Bank also auch einen normalen Kredit aufnehmen. Für höhere Summen ist dieser Weg allerdings nicht zu empfehlen.

Welche Bausteine passen zusammen?

Eine typische Zusammenstellung könnte am Ende so aussehen:

Beispiel 1
Kaufpreis: 225 000 Euro
Nebenkosten: 27 000 Euro

Eigenkapital: 75 000 Euro
KfW-Kredit: 60 000 Euro
Bankkredit (Hypothekenkredit): 117 000 Euro

Auch, wer eine 45-Quadratmeter-Wohnung in einem älteren Neubau günstig erwirbt, kann für seinen vergleichsweise geringen Finanzierungsbedarf auf die Hilfe der KfW zurückgreifen.

Beispiel 2
Kaufpreis: 79 000 Euro
Nebenkosten: 11 850 Euro

Eigenkapital: 21 000 Euro
Komplette Finanzierung über KfW-Kredit: 70 000 Euro

Im folgenden Beispiel macht der Bankkredit nur rund die Hälfte der Kaufsumme aus, weil die Kreditnehmerin einen Bausparvertrag besitzt, den sie nutzen kann. Sie kann daher mit günstigen Konditionen für das Bauspardarlehen rechnen. Die Bausparkasse verlangt nicht die vorrangige Position als Gläubigerin im Grundbuch, weswegen die Bank das Risiko für den verbleibenden Kredit nur als gering einstuft.

Beispiel 3
Kaufpreis: 310 000 Euro
Nebenkosten: 40 000 Euro

Bausparsumme: 90 000 Euro,
davon Bausparguthaben: 36 000 Euro
Weiteres Eigenkapital: 45 000 Euro
KfW-Kredit: 70 000 Euro
Bankkredit: 145 000 Euro

Fördermöglichkeiten abklopfen

Der Staat hat zahlreiche Instrumente eingerichtet, die den Bürgern beim Aufbau von Immobilieneigentum helfen sollen.

Zuschüsse oder günstige Darlehen für den Immobilienkauf oder den Hausbau gibt es von Institutionen auf Bundes-, Landes- und Gemeindeebene. Nicht alle lassen sich kombinieren, manche sind gezielt aufeinander abgestimmt. In einigen Fällen ist die Bank Ihre Ansprechpartnerin – vor allem für die Programme der KfW (siehe S. 68). Um Mittel aus anderen Töpfen müssen Sie sich selbst bemühen. Einige der Hilfen können Sie erst nach dem Kauf beantragen.

Landesförderung

Eine Reihe von Bundesländern gibt Zuschüsse fürs Eigenheim. Hier gelten im Allgemeinen mehr Begrenzungen als bei KfW-Krediten, beispielsweise gelten manche nur für Familien mit Kindern, oder es gibt Obergrenzen für das Einkommen. Recherchieren Sie im Netz: Zuständig ist die Förderbank Ihres Bundeslandes, die meist eine Datenbank mit den derzeit gültigen Programmen anbietet. Für den Kauf gibt es meist nur Kredite, während für den Neubau in vielen Regionen auch Zuschüsse erhältlich sind. Generell sind es die Landesbanken, die für die Vergabe der Mittel zuständig sind.

Folgende Programme der Länder stechen besonders heraus:

→ **Bayern:** Der Freistaat leistet sich ein umfangreiches Paket von Maßnahmen zum Aufbau von Wohneigentum. Es ist in zwei Bereiche geteilt: das Bayerische Wohnungsbauprogramm und das Bayerische Zinsverbilligungsprogramm, die sich von der Anwendung her allerdings stellenweise überlappen. Die meisten Maßnahmen stehen nur Selbstnutzern zur Verfügung, und es gibt Einkommensgrenzen im Bereich des Durchschnittseinkommens. Zuständig für die Vergabe ist die Bayerische Landesbodenkreditanstalt (BayernLabo), die zur Landesbank BayernLB gehört. Dort stellen Sie auch den Antrag auf die Förderung. Die BayernLabo bietet als wichtigstes Instrument zinsgünstige Kredite von bis zu einem Drittel der Kosten an. Außerdem gibt es einen Zuschuss in Höhe von 10 Prozent des Kaufpreises. Dieser ist allerdings bei 30 000 Euro gedeckelt. Für jedes Kind gibt es dazu noch eine Barzahlung von 5 000 Euro. Gefördert werden sowohl der Kauf als auch der Bau. Weitere Informationen finden Sie unter https://bayernlabo.de/eigenwohnraumfoerderung/eigenheimfinanzierung/

→ **Baden-Württemberg:** Das reiche Land im Südwesten will der Wohnungsnot und den hohen Mieten ebenfalls mit einer großzügigen Bauförderung abhelfen. Nur für Familien gibt es das „BW-Z15-Darlehen". Es bietet einen unschlagbar günstigen Kredit für Kauf oder Bau, wobei die abrufbare Summe von der Zahl der Kinder abhängt. Bei zwei Kindern kann sie 240 000 Euro erreichen, allerdings wird die genaue Grenze noch von anderen Faktoren beeinflusst.

Voraussetzungen: Es muss die erste eigene Immobilie sein, die Sie zudem zur eigenen Nutzung erwerben oder bauen. Etwas schräg ist die Möglichkeit, das Darlehen schon bei Kinderwunsch als „Optionsdarlehen" anzumelden. Wenn doch kein Nachwuchs kommt, dann gibt es auch keine Zinsverbilligung. Die Förderung gibt es von der L-Bank, also der Landesbank Baden-Württemberg. Vielen Schwaben und Badenern ist diese Fördermöglichkeit daher unter dem Namen „Lakra" bekannt, das stand für „Landeskreditanstalt". Einen optisch schönen und ausgeklügelten Assistenten zur Auswahl des richtigen Kredits finden Sie unter: https://finanzierungsrechner.l-bank.de/

➔ **Nordrhein-Westfalen:** Auch die NRW-Bank konzentriert ihre Wohneigentumsförderung auf Haushalte mit mindestens einem Kind. Für den zentralen Förderkredit des Programms „Eigentumsförderung – Neubau oder Kauf von selbst genutztem Wohnraum" setzt sie für Singles eine Einkommensgrenze von 30 318 Euro brutto im Jahr. Mit weiteren Haushaltsmitgliedern wächst die Obergrenze, sie bleibt mit 60 742 Euro für einen Vierpersonenhaushalt jedoch eher im unteren Einkommensbereich. Das zentrale Element ist auch hier ein Kredit. Es gibt ihn in einer Höhe von 70 000 bis 128 000 Euro je nach Region. Dazu kommen 17 500 Euro pro Kind. Nur 15 Prozent der Kaufsumme muss der Geförderte selbst durch Eigenkapital und Kredite aufbringen. Ein Teil des staatlichen Kredits gilt dabei als Eigenkapitalersatz, für den die Förderbank voll ins eigene Risiko geht. Die Bank zieht zudem einen Betrag ab, den die Kreditnehmerin nicht zurückzahlen muss. Dieser Tilgungsnachlass ist also geschenktes Geld.

Eine breitere Zielgruppe spricht das Programm „NRW.BANK.Wohneigentum" an. Neben den niedrigen Einkommen sind das auch Haushalte in mittleren Einkommensgruppen ohne Kinder. Hier liegen die Obergrenzen bei 60 000 Euro Jahresverdienst für Singles und 75 000 Euro für Paare; die Obergrenze erhöht sich noch, wenn Kinder im Haushalt leben. Der Kredit deckt maximal die Hälfte des Kaufpreises ab.

Ebenfalls interessant ist die Idee „Jung kauft Alt", die mit Unterstützung der Landesregierung auf Gemeindeebene umgesetzt wird. Junge Familien erhalten Hilfe dabei, Häuser aus der Zeit vor 1995 zu erwerben; Ziel ist es, den Wegzug junger Leute aufzuhalten und bestehende Gebäude aufzuwerten statt ständig neue Flächen zu versiegeln. NRW bietet also viele Möglichkeiten, doch die verschiedenen Förderoptionen sind dort über die Jahre durch immer neue Gesetze und Regeländerungen zum Teil recht kompliziert geworden. Die NRW-Bank beantwortet Ihnen jedoch Ihre Fragen auch direkt. nrwbank.de/wohneigentum

➔ **Sachsen:** Das Ziel ist es hier neben der üblichen Stärkung der Familien, die Bewohner auf den Dörfern zu halten. Die „Förderung von Wohneigentum im ländlichen Raum" steht daher im Vordergrund. Die Einkommensobergrenze liegt bei 60 000 Euro für Alleinstehende und 100 000 Euro für Paare. Das maximale Darlehen beträgt 80 000 Euro und ist mit der Aufforderung verbunden, es mit dem entsprechenden KfW-Kredit um weitere 50 000 Euro aufzustocken. Sie können sich außerdem per Kredit der Sächsischen Aufbaubank SAB einen Vorschuss auf das Baukindergeld auszahlen lassen. Statt jährlich von der KfW einen Zuschuss zur Tilgung eines Immobilienkredits zu erhalten, bekommen Sie die ganze Summe sofort.

Nicht alle Bundesländer leisten sich breit verfügbare Programme. Einige Landesbanken schränken den Kreis der Förderberechtigten oder die maximale Kreditsumme noch stärker ein.

Beispiel Niedersachsen: Die Förderung durch die N-Bank greift erst ab zwei Kindern, und hier gibt es für Selbstnutzer einen zinsgünstigen Kredit bis 50 000 Euro beim Kauf beziehungsweise 55 000 Euro bei einem Neubau.

Die Länder reagieren mit den Programmen auch auf ihre regionalen Besonderheiten. So fördert die Investitionsbank des Landes Brandenburg den Aufbau selbst genutzten Wohneigentums speziell in den Innenstädten. Das soll „eine sozial stabile Bewohnerstruktur erhalten", also dem Leerstand in den kleineren Städten entgegenwirken und sie wieder für Familien attraktiver machen.

CHECKLISTE

Kann ich Wohn-Riester nutzen?

Sie müssen folgende Vorgaben erfüllen, um Wohn-Riester nutzen zu können. Das gilt für alle Formen der Eigenheimrente, also sowohl für einen Riester-geförderten Bausparvertrag als auch für die Tilgungszuschüsse zu einem Annuitäten- oder Kombikredit und für die Umwandlung von Riester-Rentenvermögen in Eigenkapital.

Das Objekt (alle Kriterien müssen erfüllt sein)

1. Werden Sie selbst Eigentümerin oder Miteigentümerin? (Sie können also nicht jemand anderem die Immobilie bezahlen.)
2. Werden Sie selbst nach dem Kauf/Bau darin wohnen?
3. Planen Sie, sich dort mit Hauptwohnsitz anzumelden?
4. Befindet sich die Immobilie in der EU?

Der Kreditnehmer (nur eines der Kriterien muss erfüllt sein)

1. Sind Sie in der gesetzlichen Rentenversicherung pflichtversichert (zum Beispiel als Angestellter oder Freiberufler)?
2. Sind Sie Beamter?
3. Sind Sie ein Elternteil während der Elternzeit?
4. Beziehen Sie Arbeitslosengeld 1 oder 2?

Außerdem für volle Förderung:

Zahlen Sie mindestens 4 Prozent Ihres letzten Bruttoeinkommens an Bausparraten oder für die Darlehenstilgung?

Städte und Gemeinden

Oft haben auch die Städte und Gemeinden ein Interesse daran, den Aufbau von Wohneigentum in Schwung zu bringen. Eine Übersicht finden Sie auf der Webseite: aktion-pro-eigenheim.de.

Dort findet sich die laufend aktualisierte Datenbank „Baugeld vom Bürgermeister". Seien Sie nicht enttäuscht, wenn sich für Ihre Postleitzahl kein Eintrag findet. Nicht jede Gemeinde hat das Geld und sieht die Notwendigkeit, den Immobilienerwerb zu bezuschussen.

In vielen Fällen begünstigen die Gemeinden die Nutzung von Bauland. Ein typischer Eintrag wäre hier: „Gefördert wird der Erwerb gemeindlicher Grundstücke in den Neubaugebieten. Höhe der Förderung: Nachlass von 5 Prozent je Kind auf den Kaufpreis." Das heißt, die Gemeinde hat kürzlich Ackerland in Bauland umgewandelt. Sie will die Grundstücke zwar nicht verschenken, hat aber wegen der alternden Bevölkerung Interesse an Nachwuchs. Deshalb hat der Gemeinderat beschlossen, den Boden mit 5 Prozent Ermäßigung pro Kind unter 18 Jahren abzugeben.

Bei den Programmen der Gemeinden gibt es keinen Anspruch auf die Mittel. Wenn der Etat für das Programm erschöpft ist – oder wenn alles Bauland verteilt ist –, dann gehen Sie leer aus.

Riester-Zulagen zur Tilgung

Den Kombikredit der Bausparkasse gibt es in einer Variante mit Riester-Förderung. Diese Verträge heißen dann zuweilen „Riester-Darlehen" oder „Riester-Bausparen". Doch damit ist nur gemeint, dass es vom Staat einen Zuschuss zur Tilgung gibt. Der Kreis der Berechtigten ist hier vergleichsweise groß. Ausgenommen sind vor allem Selbstständige, sofern sie nicht in die Rentenkasse einzahlen müssen, Rentner und Sozialhilfeempfänger. Wer als Angestellter in die Rentenkasse einzahlt, gehört ebenso dazu wie viele Selbstständige, Auszubildende, aber auch Bezieher von Arbeitslosengeld oder Beamte.

Sie erhalten folgende Leistungen:

- → Pro Riester-Sparer bis zu 175 Euro pro Jahr, als Paar also 350 Euro im Jahr.
- → Für jedes Kind, das vor 2008 geboren wurde, kommen noch einmal bis zu 185 Euro im Jahr hinzu.
- → Für Kinder, die 2008 und später geboren wurden, sind es bis zu 300 Euro im Jahr.
- → Als Sparer unter 25 Jahren erhalten Sie zudem bis zu 200 Euro Startzuschuss.
- → Sie können zudem 2100 Euro der Sparraten beziehungsweise der Tilgungsraten pro Jahr von der Steuer absetzen. Die Riester-Zulagen werden aber von der Steuerersparnis abgezogen.

Die größte Hilfe ist die Riester-Förderung für Familien mit Kindern, und hier entfaltet sie am meisten Wirkung beim Kauf eher günstiger Objekte. Für einen Single, der ein Objekt im Wert von einer Dreiviertelmillion Euro gekauft hat, ist eine Förderung von 175 Euro im Jahr nur ein Tropfen auf den heißen Stein. Eine Familie aus zwei Erwachsenen mit drei Kindern, die 270 000 Euro für eine Wohnung ausgegeben hat, kann mit einer Förderung von über 1000 Euro im Jahr ein Zehntel der Rate aufbringen. Die jährliche Dämpfung der Kosten kann langfristig einen erheblichen Unterschied machen.

Leider müssen Sie für die erhaltene Förderung im Alter auch Steuern zahlen (siehe „Das geheimnisvolle Wohnförderkonto"). Sie müssen zudem langfristig in der Immobilie wohnen, sonst sind komplizierte Manöver nötig, um die vorläufige Steuerfreiheit zu retten. Verkaufen Sie Ihre Wohnung, müssen Sie sich entweder innerhalb von fünf Jahren eine neue selbst genutzte Immobilie zulegen oder eine Summe in Höhe der geförderten Beträge in einen anderen Riester-Vertrag einzahlen – und dafür das passende Produkt finden. Wenn Sie umziehen, müssen Sie dem Finanzamt versichern, wieder zurückzukehren, bis Sie 67 Jahre alt sind.

Das geheimnisvolle Wohnförderkonto

Der Gesetzgeber wollte die Förderung für den Aufbau von Wohneigentum an die Riester-Altersabsicherung anpassen. Dort fallen im Alter Steuern auf die erhaltene Rente an. Doch das Einkommen des Hausbesitzers aus seiner Investition besteht im mietfreien Wohnen. Es fließt kein Geld, das sich besteuern ließe. Zum Ausgleich merkt sich die Behörde, wie hoch die Leistungen waren, die sie über die Jahre bezuschusst hat. Diesem „Konto" schreibt sie all die Jahre bis zum Rentenbeginn sogar 2 Prozent Zinsen „gut"; für Sie ist das schlecht, schließlich ist der angesammelte Betrag später Grundlage für Steuern. Sobald Sie in Rente gehen, können Sie die Steuern auch auf einen Schlag zahlen. In diesem Fall müssen Sie nur 70 Prozent des Wohnförderkontos versteuern. Oder Sie versteuern den vollen Betrag bis zum 85. Lebensjahr im Jahresrhythmus.

Wohnungsbauprämie

Die Wohnungsbauprämie gibt es für Einzahlungen in einen Bausparvertrag. Auch ein Kombikredit ist förderfähig – das Instrument ist also nicht nur etwas für Leute, die erst in vielen Jahren ein Haus oder eine Wohnung kaufen wollen. Die Förderung beträgt 10 Prozent der Einzahlungen in den Bausparvertrag.
Beispiel: Wenn Sie als Ehepaar im Monat 100 Euro als Sparrate aufbringen, schießt der Staat 10 Euro dazu. Sie erhalten das Geld aber nicht direkt. Die Summe wird Jahr für Jahr vorgemerkt, bis Sie die Bausparsumme abrufen, und kommt Ihnen dann erst zugute. Das soll sicherstellen, dass Sie die Förderung auch wirklich für Kauf oder Bau verwenden.

Es gelten folgende Obergrenzen für die geförderten Sparsummen:

- → Für Alleinstehende 700 Euro im Jahr (70 Euro Förderung)
- → Für Paare 1 400 Euro im Jahr (140 Euro Förderung)

Auch Einmalzahlungen in den Bausparvertrag werden bis zur Obergrenze gefördert. Die Bausparkasse hilft Ihnen bei der Bürokratie. Sie schickt Ihnen den Antrag auf die Prämie am Jahresende zu und holt sich das Geld vom Finanzamt.

Achtung! Wegen der geringen Fördersummen lohnt sich der Abschluss eines Bausparvertrags meist nicht allein zur Nutzung der Wohnungsbauprämie. Es werden nur kleine Bausparsummen gefördert. Bei vielen Tarifen reicht zum Beispiel eine niedrige Bausparsumme von 14 000 Euro für Alleinstehende und 28 000 Euro für Ehepaare aus, um die Prämie voll auszuschöpfen. Lassen Sie sich also nicht nur wegen der Prämie zum Abschluss eines Vertrags mit hoher Bausparsumme überreden.

CHECKLISTE

Kann ich die Wohnungsbauprämie nutzen?

Folgende Voraussetzungen müssen erfüllt sein:

1. **Einkommen.** Das zu versteuernde Einkommen darf nicht höher liegen als 35 000 Euro bei Alleinstehenden und 70 000 Euro bei Verheirateten. In Jahren mit höherem Einkommen gibt es keine Prämie.

2. **Bausparvertrag.** Nutzung des Vertrags für Kauf/Bau/Modernisierung einer Immobilie

3. **Mindesteinzahlung.** Sie müssen mindestens 50 Euro im jeweiligen Jahr in den Bausparvertrag einzahlen.

Arbeitnehmersparzulage

Bei der Arbeitnehmersparzulage handelt es sich um einen Bonus zu den Vermögenswirksamen Leistungen, der Immobilienkäufern zugutekommt. Es gibt sie nur für Arbeitnehmer und Beamte, aber nicht für Freiberufler. Sie soll vor allem Personen mit niedrigem Gehalt dabei unterstützen, einen Kapitalstock zu bilden. Die Obergrenzen für das zu versteuernde Einkommen (nicht das Bruttoeinkommen) sind daher eng gesetzt:

- → Alleinstehende dürfen maximal 17 900 Euro verdienen, um die Förderung zu erhalten.
- → Für Ehepaare und Lebenspartner liegt die Obergrenze bei 35 800 Euro.

Die Vermögenswirksamen Leistungen erhalten Sie, wenn Sie Glück haben, vom Arbeitgeber. Zahlt der Arbeitgeber keine Vermögenswirksamen Leistungen oder zahlt er nicht den Höchstsatz, können Sie aber auch selbst einzahlen oder die Einzahlungen des Arbeitgebers aufstocken. Der Staat legt für Bausparer noch einmal 9 Prozent drauf.

- Alleinstehende erhalten bis zu 470 Euro im Jahr an Vermögenswirksamen Leistungen vom Arbeitgeber,
- Ehepaare und Lebenspartner bekommen bis zu 940 Euro im Jahr.

Im Ergebnis erhalten Sie davon 9 Prozent, somit bis zu 43 Euro im Jahr pro Partner, von der öffentlichen Hand geschenkt. Es handelt sich also eher um ein Förderinstrument für diejenigen, die kleinere Brötchen backen und beispielsweise in einer strukturschwachen Stadt in einer günstigen Lage kaufen möchten:

Sie beantragen die Bonuszahlung zusammen mit Ihrer Einkommensteuererklärung. Erster Ansprechpartner ist die Bausparkasse oder Bank: Sie übermittelt die „elektronische Vermögensbildungsbescheinigung" direkt ans Finanzamt. Denn das Geld darf in den ersten sieben Jahren nach Vertragsabschluss ausschließlich für wohnwirtschaftliche Zwecke verwendet werden.

Das heißt, Sie können es in folgenden Varianten einsetzen:

- als Zuschuss für die Tilgung eines Hypothekenkredits oder
- für die Rückzahlung eines Kombikredits der Bausparkasse
- oder auch zum Ansparen eines Bausparvertrags, wenn Ihre Finanzierung noch in der Zukunft liegt.

Ihr Finanzierungsplan

Jetzt sind Sie so weit: Mithilfe von Formularen und Onlinerechnern bereiten Sie das Zahlenwerk für den Kreditgeber vor.

Die meiste Arbeit haben Sie nun bereits geleistet. Formular H ergänzt jetzt die Formulare A, B und C/D/E um die Informationen zu Ihrem konkreten Kredit. Dann rechnen Sie online noch Ihren Rückzahlungsplan aus. Als Gesamtpaket ergibt sich daraus ein rundes Finanzierungskonzept.

Achten Sie weiterhin darauf, im Rahmen der Grenzen Ihrer Kreditwürdigkeit und Zahlungsfähigkeit zu bleiben, die Sie in Schritt 1 und 2 ermittelt haben. Überschreiten Sie bei den Angaben auf den Formularen und der Nutzung des Online-Tools also nicht den Wert für das maximale Darlehen, das sich aus Ihrem Eigenkapital ergibt, und auch nicht die Obergrenze für die Monatsrate, die Sie anhand Ihrer Einkünfte und Ausgaben ermittelt haben.

Die Checkliste Fördermöglichkeiten in Formular G hilft Ihnen, keine relevante Förderung zu übersehen. Jetzt berechnen Sie den endgültigen Bedarf für Ihren Kredit mit Formular H.

Der Tilgungsplan

Jetzt haben Sie alles, was Sie brauchen, um die Bedingungen Ihres künftigen Kredits zu kalkulieren. Hierzu verwenden wir einen Onlinerechner, den Sie bereits aus Schritt 1

AUSFÜLLHILFE

→ S. 113

Formular H Eckpunkte Finanzierungsplan

Dieses Formular nutzt zahlreiche Werte, die Sie mit anderen Formularen dieses Sets bereits bestimmt haben.

1a Gesamter Finanzierungsbedarf: Der gesamte Bedarf an Fremdkapital ergibt sich aus einer ganz einfachen Rechnung: das, was Sie brauchen, minus das, was Sie schon haben. Die Gesamtkosten Ihres Projekts haben Sie in Formular F auf Blatt 2 bereits aus den Nebenkosten und dem Kaufpreis errechnet.

1b Gewünschte Rate: Die Obergrenze für die Rate haben wir ebenfalls bereits in Formular F verwendet. Nutzen Sie Ihren Finanzrahmen nach Möglichkeit nicht bis zum Limit aus. Setzen Sie dazu die gewünschte Rate etwas niedriger an.

2 Fremdmittel: Diese Summe decken Sie aus Krediten. Wenn Sie alles über einen Bankkredit abdecken, brauchen Sie nur die Werte für das erste Darlehen auszufüllen. Viele Käufer setzen ihre Finanzierung jedoch beispielsweise aus einem Hypothekenkredit, einem geförderten KfW-Kredit und einem vorhandenen Bausparvertrag zusammen.

Effektivzins: Falls Sie schon Kreditangebote vorliegen haben, können Sie hier den Effektivzins eintragen. Ansonsten orientieren Sie sich an aktuellen Marktwerten.

Monatsrate: Die gewünschte Gesamtrate aus 1b sollte auf die Raten für die verschiedenen Kredite aufgeteilt sein. Keinesfalls darf die Summe der verschiedenen Raten, die Sie unten errechnen, Ihre monatliche Zahlungsfähigkeit überschreiten.

Zinsbindung: Wenn Sie auf ein Volltilgerdarlehen zusteuern, handelt es sich um die gesamte Laufzeit bis Rückzahlung. Wenn nicht, wäre ein typischer Wert für die Zinsbindung 15 Jahre.

Restschuld: Sie erhalten einen Wert für die Restschuld nach Ablauf der Zinsbindung aus unserem Onlinerechner.

Bauspardarlehen: Falls Sie einen vorhandenen Bausparvertrag haben, gilt der Teil der Bausparsumme, der auf das Darlehen entfällt, hier als einer Ihrer Kredite.

kennen (siehe Bedienhilfe „Kredit-Rechner als Tilgungsplan-Rechner", S. 79). Experimentieren Sie mit diesem Rechner und geben Sie im Rahmen Ihrer Vorstellungen unterschiedliche Werte ein, bis Sie ein Ergebnis erhalten, das alles vernünftig unter einen Hut bringt: Kreditsumme, Monatsrate und Laufzeit sollten stimmen.

Als Endergebnis reicht ein jährlicher Plan, der auf eine einzelne Seite passt und Ihre Vorstellungen zum Ausdruck bringt. Die Bank oder Bausparkasse kann diese Details selbst viel besser durchrechnen. Tatsächlich wird die konkrete Ausgestaltung des Kredits von Ihren Entwürfen aller Wahrscheinlichkeit nach abweichen. Doch Sie zeigen durch die eigene Vorbereitung, dass Sie Ahnung haben und sich engagiert um Ihre Finanzierung kümmern. Das erhöht Ihre Chancen auf ein gutes Kreditangebot. Außerdem fällt Ihnen so eher auf, wenn der Anbieter Ihnen ein schlechtes Angebot macht.

Einige Banken rechnen für ihre Angebote mit einer anfänglichen Tilgung von nur

So lange dauert die Tilgung

Ein zu niedriger Tilgungssatz führt zu absurd langen Rückzahlungszeiträumen.

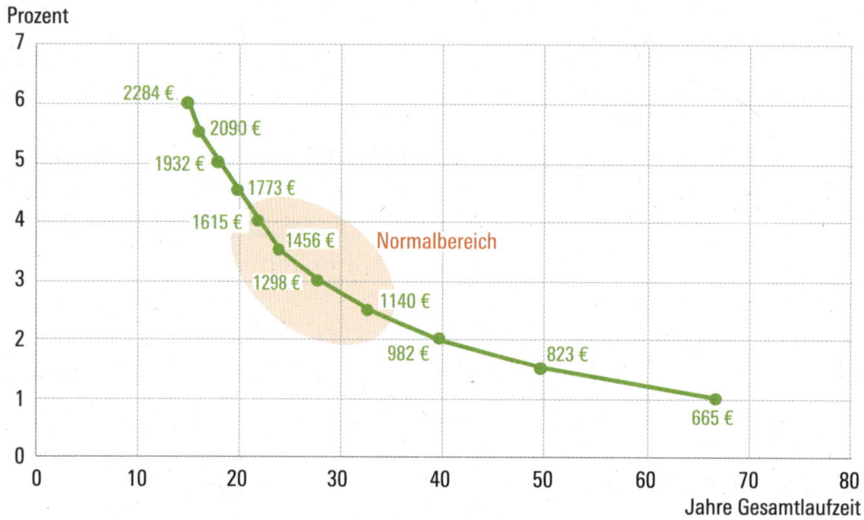

Kreditsumme: 380 000 €
Sollzins: 1,1 %
Darlehensart:
Volltilger-Hypothekendarlehen

Alle Tilgungssätze unter 2 % führen zu absurd langen Gesamtlaufzeiten. Ein Wert von 3 % erzeugt einen vernünftigen Wert mit einer Laufzeit von 28 Jahren und einer Raten von knapp 1 300 Euro. Die Werte oberhalb von 4 % führen wiederum zu hohen Raten, die nur für wenige erschwinglich wären.

1 Prozent, wenn genügend Eigenkapital vorhanden ist. Dabei kommt dann zwar eine angenehm niedrige Monatsrate heraus, doch Sie zahlen den Kredit lange ab. Gerade in Zeiten niedriger Zinsen sollte die Tilgung bei mindestens 2 oder 3 Prozent im Jahr liegen. Wenn Sie sich höhere Monatsraten leisten können, setzen Sie die Raten ruhig noch weiter herauf.

Die richtige Zinsbindung finden

Bei den meisten Hypothekendarlehen endet die Zinsbindung bereits lange Zeit, bevor der Kredit vollständig getilgt ist. Wenn Sie kein Volltilgerdarlehen wählen, dann sind jetzt noch Schulden übrig, für die Sie eine Kreditverlängerung oder einen neuen Kredit brauchen. Das ist dann die Anschlussfinanzierung. Sie arbeiten hier also anfangs mit zwei Größen: dem Zeitraum, nach dem Sie schuldenfrei sein wollen, und der Zinsbindung des Kredits.

Experimentieren Sie mit dem Kredit- und Tilgungsrechner, um eine Vorstellung von möglichen Zinsbindungsfristen zu erhalten, die zu Ihren Finanzierungsbedürfnissen, Ihrer Lebensplanung und Ihrer Zahlungsfähigkeit passen. Die Bank wird Ihnen auch andere Zinsbindungsfristen anbieten, aber so haben Sie schon eine Vorstellung vom Möglichen.

Vergessen Sie nicht: Wer einen Berg Schulden lange vor sich herschiebt, zahlt mehr Zinsen. Wer knackig abzahlen kann, ist im Vorteil. Bei den in den vergangenen Jahren stark gestiegenen Immobilienpreisen sind viele Käufer leider gezwungen, längere Laufzeiten zu akzeptieren, um den Traum von den eigenen vier Wänden überhaupt verwirklichen zu können.

Typische Werte für die Rückzahlungszeit sind 15, 20 oder 25 Jahre. Es gibt auch Fälle, in denen sehr kurze Laufzeiten von 10 Jahren zustande kommen – oder endlos gestreckte Darlehen, die über 40 Jahre zurückgezahlt werden.

BEDIENHILFE ONLINERECHNER 4

Der Kredit-Rechner als Tilgungsplan-Rechner

Der Onlinerechner „Mein Immobilienkredit“ kam schon in Schritt 1 auf S. 33 vor, um erste Experimente mit der Auswirkung von Zins und Tilgung zu machen. Hier dient er jetzt zur Berechnung des Rückzahlungsplans. Sie finden die URL für den Onlinerechner auf S. 113.

Die Tabelle, die der Rechner nach dem Klick auf „Berechnen“ ausgibt, können Sie aus dem Netz in die Zwischenablage Ihres Computers kopieren und in eine Word-Datei oder Excel-Tabelle einfügen. Dort können Sie auch die Optik und die Formatierung Ihrem Stil anpassen. Diese Datei können Sie Online-Beratern hochladen oder per Mail schicken – oder sie ausdrucken, um sie zu persönlichen Gesprächen mitzunehmen.

Kreditsumme: Diesen Wert entnehmen Sie nun der Zeile „Kreditsumme“ aus Formular H.

Zinsbindung: Wenn Sie sich für ein Volltilgerdarlehen entscheiden, geben Sie hier die gesamte Zeit an, nach der Sie schuldenfrei sein wollen. Wenn Sie mit einer kürzeren Zinsbindung planen, dann benötigen Sie zum Ende der Zinsbindung noch eine Anschlussfinanzierung. Die Laufzeit ist in diesem Fall deutlich länger als die Zinsbindung.

Sollzinssatz: Informieren Sie sich wie bereits beschrieben unter test.de/hypothekenzinsen über die derzeit gültigen Zinsen.

Tilgungsvariante: Sie können hier mit mehreren Einstellungen experimentieren. Fangen Sie mit der Auswahl „Monatsrate“ an und geben Sie Ihre maximale Rate inklusive Förderung aus der Zeile „Obergrenze Rate“ von Formular H ein. In der ersten Tabelle unter „Ergebnisse“ erhalten Sie den anfänglichen Tilgungssatz, der sich zwingend daraus ergibt. Liegt er unter 2 Prozent? Dann lassen Sie den Rechner noch einmal mit 3 Prozent Tilgung durchlaufen und schauen, welche Monatsrate sich daraus ergibt. Eventuell müssen Sie Ihre Zahlungen aufstocken.

Sondertilgungen hinzufügen? Lassen Sie das Feld erst einmal unangeklickt, sofern Sie nicht fest mit zusätzlichen Einnahmen rechnen können, mit denen Sie Sondertilgungen leisten könnten.

Tilgungsplan: Der Übersicht halber fangen Sie mit jährlichen Tilgungsplänen an. Sie können später immer noch in die Monate hineinschauen.

Ergebnisse: Im Bereich Darlehensrechner erhalten Sie die Eckpunkte Ihres möglichen Kredits angezeigt. Die Restschuld ist das, was von Ihrem Kredit nach Ablauf der Sollzinsbindung noch übrig ist. Wenn Sie hier also beispielsweise nur sechs Jahre bei einem Kredit von 400 000 Euro und 1000 Euro Monatsrate angegeben haben, ist am Ende noch ein hoher Betrag abzubezahlen; Sie bräuchten dann eine Anschlussfinanzierung.

Darunter, in der Tabelle Tilgungsplan, sehen Sie, wie die Zinszahlungen über die Jahre abnehmen, während der Tilgungsanteil steigt. Die Restschuld am Jahresende schmilzt daher immer schneller zusammen.

Schritt 4

Den Kredit abschließen

Im vierten Schritt nehmen Sie mit Finanzfirmen Kontakt auf, um über die Bedingungen für Ihr Darlehen zu verhandeln. Wir sagen Ihnen, wie Sie einen günstigen Kredit bekommen und worauf Sie dabei achten sollten: welche Fragen Sie stellen müssen, wie Sie Ihre Lage präsentieren und auf welches Kleingedruckte es ankommt. Am Ende dieses Schritts sollte dann das Geld fließen.

Den günstigsten Anbieter finden

Früher kam das Darlehen meist von der nahe gelegenen Bank – doch das Internet und steigende Konkurrenz haben die Auswahl an möglichen Geldgebern vervielfacht.

Sie haben jetzt einen guten Überblick über Ihre Mittel, Ihre Finanzierungsbedürfnisse und die möglichen Geldquellen. Die Vorbereitungen sind damit abgeschlossen. Es wird Zeit, mit den Kreditanbietern Kontakt aufzunehmen und die Sache ins Rollen zu bringen.

Preise vergleichen

In kaum einem anderen Lebensbereich lohnt sich der Preisvergleich so sehr wie bei der Baufinanzierung. Kleine Unterschiede im Zins verstärken sich über die Jahrzehnte und können Beträge von mehreren Zehntausend Euro ausmachen. Auch die übrigen Konditionen spielen eine Rolle. Wer unerwartet plötzlich Geld auf der Hand hat, möchte seinen Kredit vielleicht auf einen Schlag verkleinern, um schneller schuldenfrei zu werden – doch der Vertrag muss solche Sondertilgungen auch erlauben.

Machen Sie es sich auf dem Weg zu Ihrem Darlehen also nicht zu leicht und suchen Sie gründlich nach dem günstigsten Geldgeber. Zu viele Hauskäufer schließen aus Überforderung oder Ahnungslosigkeit einen Vertrag mit dem erstbesten Anbieter ab: dem ersten Google-Treffer; der Bank am Ort; dem Vermittler, mit dem die Maklerin zusammenarbeitet; oder einer aus der Werbung bekannten Bausparkasse. Lassen Sie sich auch von einem vertrauenswürdigen Namen oder einer Empfehlung von Freunden nicht blenden. Sonst stellen Sie vielleicht später fest, dass Gebühren oder Zinsen unnötig hoch sind.

Online-Recherche

Der Preisvergleich beginnt heute wie so vieles im Netz. Dort finden sich Informationen zur aktuellen Lage am Kreditmarkt. Auch die Stiftung Warentest stellt Informationen zu Hypothekenkrediten zur Verfügung. Sie listet Monat für Monat die Zinsen von rund 70 Anbietern auf.

Sie finden den Hypothekenzinsvergleich unter test.de/hypothekenzinsen. Für Flatratekunden ist der Abruf kostenlos. Zunächst wählen Sie Ihren Kreditanteil am Kaufpreis, der sich umgekehrt zu Ihrem Eigenkapitalanteil verhält. Wenn Sie 20 Prozent Eigenkapital mitbringen, klicken Sie auf „80 Prozent des Kaufpreises“ und so weiter.

Sie können im folgenden Block im ersten Anlauf alle Anbietergruppen (bundesweite Filialbanken, Anbieter ohne bundesweites Filialnetz und regionale Anbieter) stehen lassen. Vielleicht bietet ja gerade Ihre örtliche Bank ein besonderes Schnäppchen, das Sie auf diese Weise nicht übersehen.

Für den Anfang sortieren Sie am besten mit Schwerpunkt auf Angebote, die sich auf Kredite mit 15 Jahren Zinsbindung beziehen. Wenn Sie dann auf „Auswertung starten“ klicken, erscheinen trotzdem Werte für alle drei Zinsbindungsvarianten (10, 15 und 20 Jahre). Die Auswahl beeinflusst nur die Reihenfolge. Falls Sie auf ein Volltilgerdarlehen zielen, um niedrige Zinsen festzuschreiben, dann sortieren Sie hier nach den Angeboten für die 20-jährige Zinsbindungsfrist.

Lassen Sie sich von den vielen Zahlen nicht verwirren. Grundsätzlich gilt: Niedriger ist besser, schließlich wollen Sie so wenig

Zinsen wie möglich an die Bank zahlen. Die allerniedrigsten Angebote sind allerdings meist an weitere Bedingungen geknüpft, die Sie möglicherweise nicht erfüllen. Machen Sie sich darauf gefasst, dass Ihre Finanzierung in der Praxis eventuell dann doch eher zu einem Zinssatz aus dem Mittelfeld erfolgt. Bei den hohen Spannen zwischen günstigen und teuren Angeboten sollten Sie es aber auf jeden Fall vermeiden, am oberen Ende zu landen.

UNSER RAT

Wenn der Makler die Finanzierung anbietet ...

Vor allem größere Maklerfirmen arbeiten mit Banken zusammen und bieten ihren Kunden zuweilen gleich nach Präsentation eines Objekts die Vermittlung eines Kredits an. Das gilt auch für Bauträger, die Einheiten in (oft erst noch zu bauenden) Wohngebäuden vermarkten. Die Branche sieht das als zusätzlichen Dienst im Rahmen eines Rundum-Sorglos-Pakets, und es muss nicht jedes Angebot schlecht sein. Es lohnt sich aber auf jeden Fall, am Markt weitere Angebote einzuholen und zu vergleichen. Gehen Sie nicht aus Trägheit – oder Unwissenheit – den Weg des geringsten Widerstands.

Vermittler

Wer die Konditionen von Immobilienkrediten googelt, landet auch auf den Seiten von Kreditvermittlern. Diese bieten Beratung an und stellen am Ende das passende Produkt eines Kreditinstituts bereit. Sie verleihen also selbst kein Geld, sondern stellen den Kontakt zwischen Kunden und Kreditgebern her. Diese Dienste heißen beispielsweise Creditweb, Dr. Klein, Interhyp, Baufi Direkt, Enderlein, Accedo, Creditfair oder DTW.

Einige von ihnen kommen aus der Technikwelt und verwenden Programme, um schon online durch gezielte Fragen die wichtigsten Informationen zusammenzustellen. Am Ende stehen jedoch auch hier die persönliche Beratung und der Kontakt zur Bank. Manche Vermittler zeigen sich dabei traditioneller, andere moderner – doch letztlich sieht der Ablauf immer recht ähnlich aus.

Allen Vermittlungsdiensten ist gemeinsam, dass Sie als Kreditkunde sie am Ende auf irgendeine Weise bezahlen, denn Sie sind mit Ihren Zinsen und Gebühren die einzige Geldquelle der Branche. Die Vermittler kassieren meist 1 Prozent der Kreditsumme als Provision. Auch dieser Posten muss aber in den Effektivzins eingerechnet sein. Das heißt nicht, dass die Vermittler schlecht arbeiten. Meist sind sie recht gut darin, den günstigsten Zins aufzuspüren. Das andere Extrem gibt es allerdings auch: betrügerische „Vermittler“, die vor allem Gebühren absahnen. Sie schicken das ersehnte, aber inhaltlich wertlose „Kreditangebot“ per Nachnahme und setzen eine Inkasso-Firma in Gang, wenn das Opfer die Annahme verweigert. Schwarze Schafe gibt es jedoch in jeder Branche.

Die Webseiten seriöser Vermittler sind durchaus informativ, und der Kontakt ist oft freundlich. Machen Sie sich aber klar, dass in dieser Branche vor allem Abschlüsse zählen. Sie benötigen diesen Dienst nicht unbedingt. Sie können auch direkt auf die Webseite einer Bank gehen – oder am Ort in die Filiale spazieren – und sich ein Angebot machen lassen. Der große Vorteil der Vermittler besteht aber darin, dass sie mit vielen Banken zusammenarbeiten und Ihnen den Vergleich der Kreditkonditionen verschiedener Banken abnehmen.

INFO

Warum sind Vermittler oft günstig?

Vermittler bieten oft Angebote mit guten Konditionen. Wie kann das sein, wenn sie zusätzlich eine Provision kassieren? Schließlich müsste es den Kredit direkt bei der Bank mindestens ebenso günstig geben. Doch indem die Vermittler sich Zeit für das Beratungsgespräch mit den Darlehensinteressenten nehmen und deren persönliche Situation analysieren, nehmen sie der Bank auch erhebliche Arbeit ab.

Online-Bank oder Filialbank?

Während früher meist die Hausbank der Familie der erste Ansprechpartner war, lässt sich heute das beste Angebot oft überregional finden – sowohl bei Online- als auch Filialbanken. Vergleiche zeigen, dass nicht der eine oder der andere Vertriebsweg besser ist, sondern dass sich in beiden Welten gute Offerten finden lassen. Sie wachsen ohnehin mehr und mehr zusammen.

Mancher Kunde wird den Kredit auf jeden Fall auch bei seiner Sparkasse oder Genossenschaftsbank vor Ort anfragen, schließlich bestehen die Geschäftsbeziehungen hier zum Teil seit mehreren Generationen. Scheuen Sie sich aber nicht, die angebotenen Konditionen mit bundesweit erhältlichen Alternativen zu vergleichen. Wer seinem Berater vor Ort das günstigere Angebot zeigt, erhält vielleicht noch eine Schippe drauf. Die freundschaftliche Atmosphäre in der örtlichen Bankfiliale kann dann durchaus den Ausschlag geben – gerade in den Dörfern, wo die Auswahl an Anbietern mit physischer Niederlassung nicht so groß ist. Andererseits ergeben Vergleiche der Stiftung Warentest immer wieder, dass nicht alle Sparkassen und Raiffeisenbanken gute Angebote für Immobiliendarlehen machen.

Offline rules

Der reine Online-Abschluss eines Darlehensvertrags für Immobilien ist auch heute noch nicht möglich. Was für andere Finanzprodukte längst gang und gäbe ist, klappt beim Baugeld eben noch nicht. Jeder Fall liegt hier etwas anders, und der Beratungsbedarf ist meist enorm. Die günstigen Konditionen sind außerdem Vertrauenssache. Wo beim Abschluss einer Versicherung oder eines Konsumkredits eine digitale Schufa-Abfrage reicht, müssen Sie hier persönlich werden.

Auch die reinen Direktbanken wie DKB oder ING nehmen schon nach dem ersten Online-Formular per Telefon mit Ihnen Kontakt auf. Die ING verweist dafür beispielsweise auf das Netzwerk einer Schwestergesellschaft, des bundesweit tätigen Kreditvermittlers Interhyp. Auch die „Baufinanzierung per App" der Degussa-Bank bietet in der App nur einen Assistenten, die Kontaktaufnahme und die Handhabung der Dokumente erfolgen auf konventionellem Wege.

Zu gut, um wahr zu sein

Wenn die Bedingungen eines Kreditangebots deutlich besser sind als alles, was Sie in unserem Rechner finden, dann seien Sie vorsichtig und zeigen Sie das Kleingedruckte Fachleuten zur Begutachtung. Die „tilgungsfreie Null-Prozent-Finanzierung" könnte am Ende richtig teuer werden. Rat erhalten Sie beispielsweise von den Verbraucherzentralen.

Kreditangebote einholen

Sie kennen jetzt die Marktlage für Ihren Kredit. Es wird Zeit, mit möglichen Darlehensgebern in Kontakt zu treten.

Haben Sie keine Scheu, mehrere Kreditinstitute und auch den einen oder anderen Vermittler gleichzeitig nach konkreten Angeboten zu fragen. Sie können zunächst drei unterschiedliche Anbieter kontaktieren, beispielsweise eine günstige Online-Bank, die Genossenschaftsbank vor Ort und einen Vermittler. Die Beratung sollte immer kostenlos sein, sonst stimmt mit dem Anbieter etwas nicht.

Wundern Sie sich nicht, wenn die Zinssätze auf den konkreten Angeboten anders ausfallen, als Sie es sich nach ersten Berechnungen im Netz oder aufgrund der Werbung des Anbieters vorgestellt haben. Die Zahlen aus den Vergleichsportalen oder unserer interaktiven Auswertung bieten grundsätzlich nur Anhaltspunkte, schließlich verändern sich die Marktzinsen und die Situation der Banken laufend. Und die Lockangebote ganz oben auf der Homepage beziehen sich oft auf sehr kurze Laufzeiten und Kunden mit bester Bonität und viel Eigenkapital.

Da die Finanzbranche nach Kunden giert, ist die konkrete Kontaktaufnahme einfach. In den meisten Fällen geben Sie die Eckdaten Ihrer Kreditbedürfnisse auf der Homepage des Anbieters oder Vermittlers in ein Formular ein und lassen sich zurückrufen. Bei einer Filialbank vor Ort oder Ihrer Hausbank können Sie natürlich auch einfach anrufen und einen Termin vereinbaren. Bringen Sie dann die wichtigsten Unterlagen schon mit. Ansonsten reichen Sie die weiteren Unterlagen entweder digital oder bei einem persönlichen Gespräch mit den Beratern ein. Heutzutage läuft die Beratung oft per Videogespräch am PC oder Handy. Unterlagen, die nicht ohnehin schon digital vorhanden sind, scannen Sie dann und laden sie hoch. Viele Vermittler und Banken haben ausgefeilte Portale, in denen Sie unter Ihren Zugangsdaten Ihren eigenen Bereich haben. Dort finden Sie auch die Kreditangebote, die Ihnen die Berater erstellen.

Angebote einholen

Der Abgleich von Angeboten verschiedener Anbieter ist zuweilen gar nicht so einfach. Deren Software spuckt oft Varianten mit unterschiedlichen Zinsbindungsfristen und zu unterschiedlichen Sollzinssätzen aus. Häufig kommt Verwirrung auf. Ist ein Kredit mit 15 Jahren Zinsbindung bei 0,77 Prozent günstiger – oder einer mit 20 Jahren Zinsbindung bei 1,1 Prozent? Achten Sie der Übersichtlichkeit halber darauf, bei jedem der Anbieter mindestens ein Angebot mit den jedes Mal gleichen Eckdaten abzufragen:

→ **Darlehenssumme.** Da Sie Ihren Finanzierungsbedarf kennen, unterstellen Sie bei der Beratung zumindest für Ihr Standardangebot den gleichen Auszahlungsbetrag.

→ **Zinsbindungsfrist / Volltilgerdarlehen.** Wählen Sie hier ruhig jedes Mal beide Varianten. Gut sind beispielsweise ein Kredit mit 15 Jahren anfänglicher Zinsbindung und ein Volltilgerdarlehen.

→ **Monatsrate.** Bestehen Sie zusätzlich auf einer Berechnung mit einer ähnlichen, von Ihnen tragbaren Monatsrate.

Der Soll- und der Effektivzins ergeben sich dann für die Bank aus Ihren Anforderungen. Leider ist es selbst mit diesen Fragen nicht ganz getan. Die Angebote können sich noch in weiteren Bedingungen unterscheiden. Hier geht es vor allem um Flexibilität – und die kann Gold wert sein, wenn sich Ihre Le-

So lese ich ein Finanzierungsangebot oder die Konditionen im Darlehensvertrag

Art des Darlehens	Annuitätendarlehen
Bruttodarlehensbetrag	557 600,00 €
Auszahlungssatz	100,00 %
Nettodarlehensbetrag	557 600,00 €
Sollzinssatz p.a.	0,77 %
Effektiver Jahreszins	0,97 %
Sollzinsbindung bis	31.07.2037
Tilgung	3,50 %
Ratenhöhe	1 984,13 €
Ratenfälligkeit	monatlich
Anzahl der Raten	180
Restschuld am Ende der Zinsbindung	247 389,53 €
Vertragslaufzeit	25,8 Jahre
Bereitstellungszins	2 % p.a. ab dem 15.10.2021

Annuitätendarlehen = Hypothekenkredit

Die volle Kreditsumme wird ausgezahlt (kein Agio oder Disagio).

Den Sollzins verlangt die Bank monatlich für die Restschuld, der Effektivzins enthält alle Kosten.

Nach 15 Jahren ist eine Anschlussfinanzierung nötig.

Dieser Tilgungssatz gilt nur ganz am Anfang. Er steigt dann stetig.

Das müssen Sie jeden Monat zahlen

In diesem Zeitraum ist dem Rückzahlungsplan gemäß alles abbezahlt.

Wenn das Darlehen nicht bis zu diesem Termin vollständig abgenommen wird, fallen zusätzliche Zinsen an.

bensumstände ändern. Versuchen Sie, beim Einholen der Angebote auf ein ähnliches Profil von Vertragsklauseln zu achten. Am wichtigsten sind Sondertilgung und flexible Tilgung; mehr dazu weiter unten.

Formular I hilft dabei, den Überblick zu behalten. Es gibt dort einen Kasten, mit dem Sie abhaken können, ob Sie alle wichtigen Informationen erhalten haben.

Belassen Sie es aber nicht bei Ihrer Standardabfrage. Erkundigen Sie sich auch, ob Sie durch kleine Änderungen der Kenngrößen eine deutliche Verbesserung der Bedingungen erreichen. Manchmal bewirken wenige Tausend Euro mehr Eigenkapital einen Zinssprung.

Die Qualität einschätzen

Auch die so präzise eingeholten Kreditangebote sind möglicherweise schwer zu vergleichen. Manchmal verwenden die Banken sogar unterschiedliche Begriffe für gleiche Dinge. Anhand folgender Kriterien können Sie die Qualität der Angebote abschätzen:

→ **Effektivzins.** Der erste Blick gilt dem Effektivzins. Wenn er so berechnet ist, dass er alle Kosten abbildet, dann ist das Angebot mit dem niedrigeren Effektivzins grundsätzlich das günstigere.

→ **Restschuld.** Bei dem Vergleichskredit mit 15 Jahren Zinsbindung blicken Sie zudem auf die Restschuld, die am Ende noch übrig ist. Wenn die gleiche Rate angenommen wurde, dann ist das Angebot mit der geringeren Restschuld wahrscheinlich das günstigere.

→ **Gesamtzahlungen.** Bei den Volltilgerdarlehen schauen Sie auf die gesamten Zahlungen während der Laufzeit. Also die Summe aller Raten und eventuell eingeplanter Sondertilgungen. Wer hier auf den geringeren Wert kommt, hat das günstigere Angebot gemacht. Rechnerisch ergibt sich dieser Wert zwar aus Kreditsumme, Effektivzins und Laufzeit. Ein genauer Blick auf diesen Wert schützt jedoch vor Überraschungen.

→ **Gesamtlaufzeit.** Die Zeit bis zur Schuldenfreiheit. Wenn Sie kein Volltilgerdarlehen nehmen, ist das nicht die Zinsbindungsfrist.

Es kommt ja noch mindestens eine Anschlussfinanzierung. Wann ist wirklich alles zurückgezahlt?

→ **Schwankungen.** Fällt etwas aus der Reihe? Ungewöhnlich sind etwa plötzliche Sprünge bei der Rate. Ein regelrechtes Alarmzeichen ist es, wenn für die Zukunft beispielsweise zweimal höhere Zahlungen angenommen werden als am Anfang. Ein gutes Kreditangebot verteilt die Belastungen möglichst gleichmäßig über die Laufzeit.

→ **Rückzahlungskonditionen.** Bei ansonsten gleichen Eckwerten bevorzugen Sie das Angebot mit den flexibleren Rückzahlungsbedingungen.

Der Effektivzins bleibt in der Praxis der wichtigste Bewertungsmaßstab – und das zu Recht. Folgende Rechnung zeigt, welchen Unterschied er machen kann.

Rechenbeispiel: Unterschiedlicher Effektivzins
Darlehenssumme: 350 000 Euro

Effektivzins: 1,3 %
Laufzeit: 27 Jahre
Zinsen: 66 643 Euro

Effektivzins: 1,5 %
Laufzeit: 27 Jahre
Zinsen: 74 252 Euro
Ersparnis beim günstigeren Zins: 7 609 Euro

Hartnäckig nachfragen

Bleiben Sie im Beratungsgespräch wachsam. Die Banken und Vermittler suchen unbedingt Kreditkunden. Einige von ihnen sind beim Entwurf möglicher Kredite erstaunlich schmerzfrei. Lassen Sie sich nicht von den vielen Zahlen auf dem Bildschirm und Ihrem Notizblock verwirren. Formular I hilft Ihnen, den Überblick über die Eckdaten des Kredits und die Konditionen zu behalten. Beachten Sie, dass die genannte Zinsbindungsfrist des Kredits nicht unbedingt der Zeit bis zur völligen Rückzahlung der Schulden entspricht. Fragen Sie immer klar die Zeit bis zur Entschuldung, den Effektivzins, die Monatsrate und die Restschuld am Ende der Zinsbindung ab.

Dank der Formulare A bis I (siehe folgender Abschnitt) wissen Sie sehr genau, was Sie von der Bank brauchen und was Sie selbst anbieten. Wenn Sie dieses Set durchgearbeitet haben, wissen Sie auch über die wichtigsten Gegebenheiten der Kreditvergabe Bescheid. Falls der Berater also einen Fachbegriff verwendet, den Sie nicht kennen, oder Sie etwas nicht verstehen, dann suchen Sie das Problem nicht bei sich selbst. Nicken Sie den Punkt auf keinen Fall ab, um nicht unwissend zu wirken. Die Schuld liegt auf der anderen Seite. Bohren Sie so lange, bis Sie alles verstanden haben. Es gibt keine dummen Fragen.

Eine unrealistische Laufzeit erkennen

Fragen Sie vor allem dann kritisch nach, wenn Sie große Unterschiede zu den Kreditеckwerten sehen, die Sie selbst mit Ihren Daten aus den Onlinerechnern und Formularen ermittelt haben, die wir bisher vorgestellt haben.

Beispiel: Florian ist 45 Jahre alt und bezieht ein Nettoeinkommen von 3600 Euro im Monat. Er hat sich bei einem Vermittler über einen möglichen Kredit zum Kauf in einer Großstadt beraten lassen. Das Gespräch verlief freundlich, und Florian geht gut gelaunt nach Hause. Erst später bemerkt er beim Studium der Unterlagen, dass er sich den angebotenen Kredit gar nicht leisten kann. Die Zahlen, über die er die meiste Zeit mit der Beraterin gesprochen hat, haben sich nur auf die erste Zinsbindungsfrist von zehn Jahren bezogen. Insgesamt hätte er den Kredit über 40 Jahre abbezahlen müssen – also bis ins Greisenalter, was wenig ratsam ist. Tatsächlich war auch eine Variante für eine Rückzahlung innerhalb von 20 Jahren enthalten, was rein von der Laufzeit her völlig OK gewesen wäre. Die Rate läge dann allerdings bei knapp 3000 Euro im Monat. Damit müsste er sein ganzes Einkommen für Rate und Nebenkosten aufwenden und hätte kein Geld mehr zum Leben. Die Vermittlerin hätte Florian klipp und klar sagen müssen, dass das angepeilte Objekt für ihn zu teuer ist, wenn er nicht viel mehr Eigenkapital mitbringt. Offenbar wollte sie den Kunden, den sie an der Angel hatte, nicht enttäuschen. Leider war die Enttäuschung auf diese Weise umso größer.

Grenzzinsen erkennen

In Schritt 1 haben wir bereits betont, dass kleine Unterschiede beim Eigenkapital große Auswirkungen auf die Konditionen haben können. Hier wird es jetzt konkreter. Wenn Sie Glück haben, werden die Berater des Kreditinstituts oder beim Vermittler Sie von sich aus darauf hinweisen, wenn Ihnen nur noch geringe Beträge fehlen, um in eine andere Zinsklasse zu rutschen – besser ist es, Sie fragen gezielt nach.

Wenn Sie das Thema selbst erforschen wollen, verwenden Sie unseren Grenzzins-Rechner. Sie können damit die Auswirkungen verschiedener Eigenkapitalanteile erkunden. Geben Sie die Eckdaten zweier Kreditangebote an, die sich nur in Kreditsumme und Sollzins unterscheiden. Klicken Sie auf „Berechnen" und scrollen Sie herunter bis ans Ende der Tabelle. Dort steht, wie viel Zinsen Sie durch das Mehr an Eigenkapital sparen. Sie finden den Rechner unter test.de/rechner-grenzzinsen.

Weitere Konditionen vergleichen und Geld sparen

Nehmen Sie sich die Zeit, auf weitere Details zu schauen und den Vertrag möglichst gut an Ihre Wünsche anzupassen.

Es gibt eine Reihe von Vertragsdetails, die für die Kreditnehmerin vorteilhaft sind und daher oft nicht automatisch angeboten werden. Manchmal sind bei den Zinsen Abstriche zu machen, wenn die Anbieter besonders flexible Rückzahlungsbedingungen in den Vertrag aufnehmen. Ideal ist ein günstiger Kredit, der von Anfang an viele kundenfreundliche Regeln enthält.

Sie finden eine Checkliste zum Heraustrennen für die wichtigsten Konditionen noch einmal in Formular I.

Sondertilgung möglich?

Wenn Ihr Arbeitgeber einen dicken Bonus zahlt; wenn Sie Ihr Wochenendhaus verkaufen und dadurch Geld auf dem Konto haben; wenn Sie eine Erbschaft machen – in solchen Fällen könnten Sie Ihren Kredit schneller zum Schrumpfen bringen, indem Sie außer der Reihe einen Teil zurückzahlen. Das spart Zinsen, denn der Zins bezieht sich jeden Monat aufs Neue auf die Restschuld. Einige Banken gönnen Ihnen diese Einsparungen nicht und erlauben Sondertilgungen nur in engen Grenzen oder gar nicht. Fair und branchenüblich ist es, einmal im Jahr eine Sondertilgung in Höhe von 5 Prozent der ursprünglichen Kreditsumme zu erlauben. Eine besonders gute Regelung würde 10 Prozent gestatten. Als Alternative kann der Vertrag eine feste Obergrenze für die Beträge festlegen, die sich jährlich außerplanmäßig tilgen lassen. Einige Banken setzen auch eine Mindestsumme von einigen Tausend Euro pro Sondertilgung fest, was völlig OK ist. Meist lohnt der Vorgang für Kleckerbeträge ohnehin nicht. Aber Achtung: Gute Konditionen zur Sondertilgung sind eine schöne Sache, doch Sie sollten nicht auf Biegen und Brechen darauf bestehen. Sie können plötzlich hereinbrechenden Wohlstand schließlich auch in Wertpapiere anlegen; wegen der niedrigen Hypothekenzinsen ist die Ersparnis durch Sondertilgungen heute nicht mehr so groß wie früher.

AUSFÜLLHILFE

→ S. 113

Formular I Kreditkonditionen

Beachten Sie, dass Sie nicht in allen Punkten gleichzeitig Top-Konditionen erwarten können. Erlaubt der Vertrag hohe Sondertilgungen, ist das zum Beispiel meist an andere Nachteile wie höhere Zinsen geknüpft. Sie müssen eventuell Kompromisse eingehen und vor allem das herausholen, was für Sie am wichtigsten ist.

Festes Sondertilgungsrecht?

Das feste Sondertilgungsrecht ist eigentlich mehr eine jährliche Sondertilgungspflicht. Sie kommt für Leute infrage, die einmal im Jahr eine hohe Zahlung erhalten und diese stets in die Immobilie stecken möchten.

Flexible Tilgung?

Wenn Sie befördert werden und plötzlich eine viel höhere Gehaltsüberweisung erhalten; wenn Ihr Partner nach einer Auszeit wieder einen gut bezahlten Job findet; wenn das Kind die Ausbildung abgeschlossen hat und plötzlich nichts mehr kostet – das sind Fälle, in denen Sie jeden Monat mehr übrig haben als vorher. Glücklich ist, wer dann die Möglichkeit hat, seine laufende Tilgung dauerhaft hochzufahren. Auch das spart am Ende Geld und führt schneller zu dem guten Gefühl, in einer abbezahlten Wohnung oder einem abbezahlten Haus zu leben. Der umgekehrte Fall kann ebenfalls eintreten, und Sie wollen weniger zahlen als vorher. Es ist bei Immobilienkrediten nicht unüblich, innerhalb der Zinsbindung zweimal eine kostenlose Änderung des Tilgungssatzes zu erlauben. Zur Auswahl stehen dann oft Sätze zwischen 1 und 5 Prozent. Wer öfter anpassen darf, ohne dafür zur Kasse gebeten zu werden, schließt einen besonders guten Vertrag ab.

Kündigungsoption?

Wenn sich Ihr Leben anders entwickelt als erwartet oder wenn Ihr Kreditgeber sich als unvorteilhaft erweist, kann der Gedanke aufkommen, den Darlehensvertrag zu kündigen und die Immobilie neu zu finanzieren. Häufige Gründe dafür sind Trennung oder Scheidung. Die gemeinsam gekaufte Wohnung muss dann verkauft werden, um das investierte Kapital teilen zu können. In der Regel ist dafür in den ersten zehn Jahren der Zinsbindung eine hohe Vorfälligkeitsentschädigung fällig. Das heißt: Die Bank verlangt eine Strafgebühr, die mehrere Tausend Euro erreichen kann. Für die Zeit nach den ersten zehn Jahren schreiben Verbrauchergesetze allerdings vor, dass die Banken ihre Kunden

CHECKLISTE

Bereitstellungszinsen im Griff behalten

1. **Ausrechnen lassen.** Um Darlehensangebote vergleichen zu können, sollten Sie sich die Beträge der Bereitstellungszinsen nennen lassen. Fragen Sie als Bauherrin den Berater gezielt, wie viel Sie bis Fertigstellung unterm Strich für die Bereitstellung zahlen müssen, wenn alles nach Plan läuft.

2. **Abwägen.** Wenn die Bereitstellungszinsen angegeben sind, können Sie vergleichen, wie viel Ihnen eine besonders lange bereitstellungszinsenfreie Zeit einspart. So lässt es sich zumindest grob mit einem Angebot vergleichen, das eine kürzere bereitstellungszinsenfreie Zeit aufweist, bei dem aber vielleicht der Effektivzins niedriger ist.

3. **Gut planen.** Je realistischer Ihr Auszahlungsplan, desto eher vermeiden Sie zusätzliche Bereitstellungszinsen. Sie sollten zwischendurch auch Puffer lassen. Manchmal dauert ein Gewerk länger als geplant. Wenn sich die Bauzeit von zu optimistisch gerechneten 7 Monaten auf 14 Monate verdoppelt (weil beispielsweise eine Genehmigung auf sich warten lässt), dann tragen die Bereitstellungszinsen bereits erheblich zu den Mehrkosten bei.

aus den Verträgen entlassen müssen, wenn diese das wünschen. Die Banken berechnen die Vorfälligkeitsentschädigung in der Regel danach, wie viel Geld ihnen entgeht, wenn sie sich für das gleiche Geld einen neuen Kunden suchen müssen oder es in Wertpapieren anlegen.

Ab wann sind Bereitstellungszinsen zu zahlen?

Zwischen Vertragsabschluss und der Bezahlung der Immobilie ergibt sich oft eine Lücke. Beim Hausbau wird das Darlehen zudem etappenweise ausgezahlt. Die Bank verlangt für die Wartezeit Zinsen. Je niedriger, desto besser – aber die tatsächlichen Unterschiede ergeben sich gerade beim Hausbau nicht in erster Linie aus der Höhe der Zinsen, sondern aus den Zeiträumen, für die sie fällig werden. Die Uhr tickt üblicherweise bereits ab der verbindlichen Darlehenszusage, die Zinsen werden aber erstmals nach einigen Monaten erhoben.

Ein sehr gutes Kreditangebot sieht neben günstigen Sollzinsen für das erste Jahr des Bauprojekts keine Bereitstellungszinsen vor. Einige Banken verlangen sie schon ab dem zweiten oder dritten Monat. Wenn sie so früh einsetzen, verlangt die Bank praktisch für den gleichen Kredit zweimal Zinsen. Je länger die bereitstellungszinsfreie Zeit, desto günstiger kommt das Darlehen also.

Da viele Zahlungen in den ersten Monaten anfallen, muss sie aber nicht so lang sein wie die geschätzte Bauzeit. Soll die Bauzeit sieben Monate betragen und sollen nach fünf Monaten Bereitstellungszinsen anfallen, ist das nicht weiter schlimm. Sie beziehen sich dann nur noch auf eine vergleichsweise kleine Teilsumme. Wenn das Haus aufwendiger zu bauen ist und 15 Monate Bauzeit veranschlagt sind, können die Bereitstellungszinsen ab dem fünften Monat jedoch ziemlich ins Geld gehen.

Aber erkaufen Sie keine besonders lange bereitstellungszinsenfreie Zeit durch andere schlechte Konditionen wie einen deutlich höheren Sollzins. Das kann unterm Strich teurer werden. Die Zinsen werden monatlich berechnet. Und Vorsicht: Oft ist der Bereitstellungszinssatz auf den nicht ausgezahlten Darlehensbetrag viel höher als der Sollzinssatz, den Sie für die bereits ausgezahlte Kreditsumme zahlen müssen. Noch immer gibt es viele Banken, die pro Monat 0,25 Prozent

Bereitstellungszinsen verteuern Kredit im ersten Jahr stark

Ein Bauherr ruft sein Darlehen in Höhe von 300 000 Euro in vier Teilbeträgen à 75 000 Euro ab, den ersten Betrag fünf Monate nach Darlehenszusage, die restlichen Beträge nach je zwei Monaten. Der Kreditzins beträgt 2 Prozent, der zusätzliche Bereitstellungszins 3 Prozent. Die Zinsen in der Bauzeit hängen vor allem von den Freimonaten ab, in denen keine Bereitstellungszinsen anfallen.

So viel Zinsen zahlt ein Bauherr im 1. Jahr, wenn Bereitstellungszinsen fällig sind ab ...

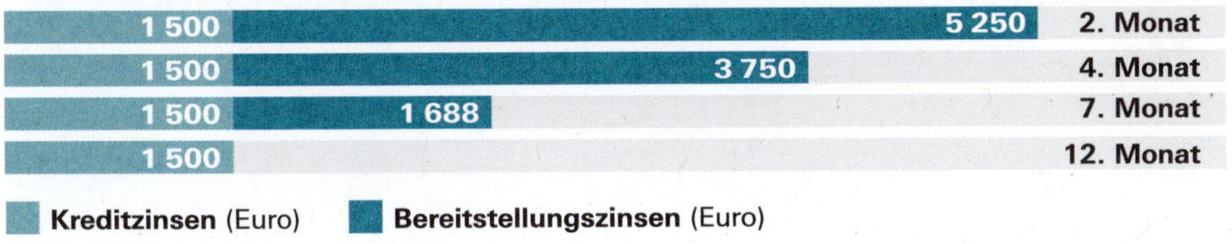

Bereitstellungszinsen verlangen – das entspricht einem Jahreszinssatz von 3 Prozent. Ärgerlich: Diese Zusatzkosten verteuern den Kredit, sind aber im Effektivzins nicht eingerechnet.

Beispiel Bereitstellungszins (vereinfacht)
Kreditsumme: 300 000 Euro
Restsumme ab dem 6. Monat (nach Ablauf der bereitstellungszinsfreien Zeit): 180 000 Euro
Zinssatz: 0,25 % pro Monat
Bereitstellungszinsen für einen Monat: 450 Euro

Teilauszahlungszuschläge?

Eine ähnliche Kostenart wie die Bereitstellungszinsen sind Teilauszahlungszuschläge. Beim Hausbau wird der Kredit mit dem Baufortschritt in Tranchen ausgezahlt. Teilauszahlungszuschläge sind Gebühren für jede dieser Teilauszahlungen. Wenn die Bank so eine Gebühr tatsächlich zusätzlich zu Bereitstellungszinsen verlangt, berechnet sie den gleichen Vorgang doppelt.

Entnahmemöglichkeiten?

Ein Hypothekenkredit kann nicht nur in einer Richtung funktionieren. In schlechten Zeiten können Sie – wenn der Vertrag das erlaubt – die vorhandene Besicherung durch die Immobilie nutzen, um dem Kredit zusätzliches Geld zu entnehmen. Es gibt zum Beispiel Kreditangebote, bei denen sich Kreditnehmer die von Ihnen geleisteten Sondertilgungen bei Bedarf auch wieder auszahlen lassen können. Eine Sondertilgung wird so auch zum Puffer für schlechte Zeiten oder zur Sparbüchse für eine künftige Modernisierung. Diese Option gehört aber bei Kreditverträgen nicht zum Standard. Wenn Sie darauf Wert legen, sollten Sie die Beraterin gezielt darauf ansprechen.

Was passiert bei Verzicht?

Wer neu baut, weiß manchmal nicht genau, wie viel das Haus am Ende kosten wird. Es ist zwar klug, den Kredit ein wenig größer zu dimensionieren, um noch Luft zu haben. Banken verlangen aber üblicherweise eine Entschädigung für nicht abgerufene Mittel – schließlich entgehen ihnen damit Zinsen. Ein freundlicher Vertrag verzichtet für eine nicht abgerufene Teilsumme von zum Beispiel 20 000 Euro auf die Nichtabnahmeentschädigung.

Ihre Mappe zusammenstellen

Der konkrete Kreditantrag ähnelt einer Bewerbung, und wie bei mancher Bewerbung heißt das Paket an Dokumenten in der Immobilienwelt oft die „Mappe".

AUSFÜLLHILFE

→ S. 113

Formular J Selbstauskunft

Mini-Job: Gemeint sind sozialversicherungsfreie 450-Euro-Jobs.

Bruttoeinkommen: Als Angestellte finden Sie das Bruttoeinkommen auf der Jahresabrechnung des Arbeitgebers vom Finanzamt, die Sie im Dezember zusammen mit der Gehaltsabrechnung erhalten.

Zu versteuerndes Einkommen: Das zu versteuernde Jahreseinkommen unterscheidet sich noch einmal vom Bruttoeinkommen. Schließlich können Sie für das zu versteuernde Jahreseinkommen Vorsorgeaufwendungen, Werbungskosten oder Sonderausgaben bei der Steuererklärung abziehen. Sie finden Ihr zu versteuerndes Einkommen auf Ihrem jüngsten Einkommensteuerbescheid. Wenn Sie als Paar gemeinsam Steuern zahlen, also zusammen veranlagt sind, dann füllen Sie die erste Zeile aus, sonst tragen Sie die Zahl für jede/n Kreditnehmer/in getrennt ein.

Monatliche Zahlungsfähigkeit: Die Zahl entnehmen Sie bitte der Auswertung von Formular B, Blatt 6.

Ein wenig Hintergrund zu Ihrer Person ist den Banken wichtig, um Ihre Kreditwürdigkeit besser einschätzen zu können. Die Realität sieht so aus, dass zwei Partnerinnen, die beide bei renommierten Firmen in qualifizierten Jobs in Festanstellung sind, ein geringeres Ausfallrisiko mitbringen als ein Freiberufler, der seine Tätigkeit gerade erst aufgenommen hat und noch mit Anfangsschwierigkeiten kämpft. Der Freiberufler muss daher eventuell mehr Eigenkapital vorweisen und höhere Zinsen zahlen. Sie können sich mit Formular H auf diese Fragen vorbereiten.

Der Finanzdienstleister wird Ihnen eventuell schon vor dem Gespräch ein eigenes Formular für eine Selbstauskunft zum Download anbieten und unterschreiben lassen. Dort finden Sie viele der Angaben wieder, die Sie in den Formularen schon vorbereitet haben. Hier schließt sich auch die unvermeidliche Einwilligung an, die Kreditwürdigkeit der Antragstellerin bei der Schufa abzufragen.

→ **Weitere Bonitätsnachweise.** Mit einer Reihe von Dokumenten belegen Sie, dass Ihr Einkommen real ist und Sie nicht schon völlig überschuldet sind. Typisch sind drei aktuelle Gehaltsnachweise sowie die jüngste Lohnabrechnung zum Jahresende. Für Selbstständige und Unternehmer gelten etwas andere Regeln, hier treten Einnahme-Überschuss-Rechnungen beziehungsweise eine Bilanz oder die betriebswirtschaftliche Auswertung (BWA) an deren Stelle. Dazu kommen sowohl bei Angestellten als auch bei Freiberuflern aktuelle Einkommensteuerbescheide. Wenn Sie eine freiberufliche Tätigkeit gerade erst aufgenommen und noch keine Steuererklärung gemacht haben, dann haben Sie schlechte Karten. Die meisten Banken betrachten solche Fälle mit ziemlichem Misstrauen.

→ **Aufstellung des Eigenkapitals.** Wenn Sie übersichtlich darstellen können, wie viel Eigenkapital Sie aus welchen Quellen aufbringen können, wird sich Ihr Gegenüber freuen. Sie können Formular A für die Übersicht verwenden. Als Belege können Sie Dokumente wie einen Depotauszug, Informationen der Bausparkasse oder den jährlichen Bescheid des Riester-Vertrags mitbringen.

→ **Monatliche Zahlungsfähigkeit.** Die maximale Höhe der Rate ergibt sich für die Bank aus dem Nettoeinkommen. Dank der Formulare in diesem Set wissen Sie bereits ungefähr, auf welchen Wert das hinausläuft.

→ **Finanzierungsplan.** Mithilfe von Formular H können Sie bereits Ihre Vorstellungen von den Eckwerten der Finanzierung zum Ausdruck bringen. Ihr selbst gebastelter Finanzierungsplan ist nicht in Stein gemeißelt. Sie haben damit aber Vergleichswerte, an denen Sie die Rechenbeispiele der Bank messen können.

→ **Tilgungsplan.** Für den Tilgungsplan gilt dasselbe wie für den Finanzierungsplan – aus Sicht der Bank oder des Vermittlers ist er eher ein Anhaltspunkt für Ihre Vorstellungen. Sie haben ihn per Onlinerechner in Schritt 3 errechnet.

INFO

Auszahlungsraten beim Hausbau

Die Makler- und Bauträgerverordnung (MaBV) schreibt genau vor, nach welchen Meilensteinen im Baufortschritt ein Bauträger die nächste Zahlung verlangen kann. Bei der Bank löst ihre Fertigstellung die Freigabe des nächsten Teilbetrags Ihres Darlehens aus. Hier spielt das traditionelle Wort „Gewerk" eine Rolle. Dabei handelt es sich um die Arbeiten im Rahmen eines Bauprojekts.

→ **Maximal 30 Prozent** des vereinbarten Kaufpreises werden zu Beginn der Erdarbeiten fällig, also wenn die Bagger angerollt sind.

→ **Von der Restsumme** (im Regelfall 70 Prozent des vereinbarten Kaufpreises) dürfen maximal folgende Beträge verlangt werden:

→ 40 Prozent nach Fertigstellung des Rohbaus
→ 8 Prozent nach Fertigstellung des Dachs
→ 3 Prozent nach Installation der Heizung
→ 3 Prozent nach Einbau der Toiletten und Bäder
→ 3 Prozent nach Installation der Elektrik
→ 10 Prozent nach Einbau der Fenster
→ 6 Prozent, wenn innen die Wände verputzt sind
→ 3 Prozent, wenn der Estrich liegt
→ 4 Prozent, wenn die Fliesen und Kacheln in den Bädern verlegt sind
→ 12 Prozent, wenn innen bezugsfertig
→ 3 Prozent, wenn die Fassade fertig ist
→ 5 Prozent nach Abschluss aller Arbeiten

Insgesamt darf der Bauträger aber maximal sieben Teilzahlungen verlangen, er muss also einige der aufgelisteten Posten bündeln.

Wichtig: Im Kreditvertrag muss geregelt sein, dass die Bank den Kredit zu den Terminen auszahlt, an denen die Zahlungen an den Bauträger oder die Baufirmen fällig werden.

Die Bank wird verlangen, dass Sie erst Ihr Eigenkapital einsetzen, bevor sie mit der Auszahlung des Kredits anfängt.

AUSFÜLLHILFE

→ S. 113

Formular K Objektbeschreibung

Zustand: Renovierungsbedürftig bedeutet, dass die Substanz noch solide ist, doch die Wände könnten einen Anstrich gebrauchen, der Teppich ist abgewetzt und neue Toilettenschüsseln wären auch nicht schlecht. Sanierungsbedürftig ist eine Wohnung beispielsweise, wenn die Fenster über 30 Jahre alt, die Wände feucht oder die elektrischen Leitungen marode sind.

Anlagen: Diese Checkliste bietet vor allem Anhaltspunkte dafür, was die Bank eventuell an Dokumenten sehen will. Einige Posten sind nicht für alle Interessenten anwendbar. Gerade bei Eigentumswohnungen erübrigen sich Dokumente wie die Nutzflächenberechnung, weil die Wohnfläche dort ein akzeptierter Wert ist. Die Teilungserklärung ist Teil des Grundbucheintrags und gibt an, welcher Anteil an den Nebenkosten des Gebäudes mit der jeweiligen Wohnung verbunden ist. Eventuell kann Ihnen der Makler helfen, diese Dokumente aufzutreiben.

Lage: Wenn Sie auf dem Dorf einen Neubau von der örtlichen Sparkasse finanzieren lassen, ist die Qualität der Lage dort vermutlich bekannt. Wer jedoch gegenüber einer Internetbank eine Wohnung in der Großstadt beschreiben will, muss mehr ins Detail gehen. Diese Tabelle gibt Ihnen Anhaltspunkte für einige Kriterien, die für die Bewertung der Lage wichtig sind. Die Immobilienwirtschaft verwendet heute allerdings detaillierte Datenbanken, die zu praktisch jeder Adresse eine Einschätzung auswerfen – abgeleitet aus Baujahr, Sanierungsjahr, Stockwerk und so weiter.

Hinweis für Hausbauer und -käufer: Dieses Formular kann die Baubeschreibung nicht ersetzen, die Geldgeber von Bauherrinnen und Hauskäufern verlangen. Sie ist wesentlich detaillierter.

→ **Objektbeschreibung und -preis.** Für eine winzige Bruchbude auf dem Land wird Ihnen keine Bank eine halbe Million Euro leihen – für eine modernisierte Altbauwohnung in München aber problemlos. Sie will also die wichtigsten Daten Ihres Kaufobjekts übersichtlich vorliegen haben. Die Bank möchte ihre Investition schützen. Formular K liefert Ihnen hier eine Vorlage für die Beschreibung im Beratungsgespräch, die gesamten Kosten können Sie in Form der Formulare C (Wohnungskauf), D (Hauskauf) oder E (Hausbau) übersichtlich präsentieren.

→ **Kredite.** Die Bank will wissen, an welchen Belastungen Sie bereits tragen. Eine Liste noch nicht abbezahlter Darlehen schafft Übersicht. Bereiten Sie dafür Nachweise wie Kreditkontoauszüge oder Kreditverträge vor.

→ **Auszahlungsplan.** Nur für Hausbauer kommt noch ein Plan der einzelnen Bauabschnitte und der dann jeweils fälligen Teilzahlungen des Kredits dazu. Diesen Teil übernimmt im Allgemeinen die Bauplanerin oder der Architekt.

Die Sammlung von Dateien oder Papieren können Sie anhand der Checkliste in Formular L (Unterlagen fürs Bankgespräch) zusammenstellen.

Die Bonitätsprüfung

Es ist für Banken Routine, schon bei der Errechnung der Kreditkonditionen eine Abfrage bei der Schufa vorzunehmen. Das ist notwendig, weil der genaue Zins auch von der Kreditwürdigkeit abhängt. Wer ein höheres Ausfallrisiko darstellt, muss der Bank mehr zahlen. Schließlich entschädigt der Zins die Bank auch für die gelegentlich auftretenden Darlehensausfälle.

Die Kreditwirtschaft hat heute ausgefeilte Werkzeuge, um ihre Kunden einzuschätzen. Auskunfteien wie die Schufa oder die Creditreform können zu jeder Kombination aus Namen, Geburtsdatum und Adresse eine Bewertung ableiten – auch wenn die Datenbestände dahinter in Wirklichkeit dürftig sind. In den meisten Fällen kommt einfach eine neutrale Bewertung heraus.

Die Auskunfteien verfügen nur über Daten, deren Weitergabe Sie selbst zu irgendeinem Zeitpunkt gestattet haben oder die ohnehin jedem bekannt sein können. Folgende Faktoren beeinflussen die rechnerische Kreditwürdigkeit:

→ **Offene Kredite:** Wenn Ihr Auto nicht abbezahlt ist oder Sie die Bürgschaft für den Kredit einer guten Freundin übernommen haben, dann weiß die Schufa das in der Regel.

→ **Kreditanfragen:** Anders als die Abfrage „Anfrage Kreditkonditionen" hinterlässt die Abfrage mit Begründung „Kreditanfrage" Spuren in Ihrem Schufa-Register. Wenn in kurzer Zeit Dutzende von Krediten nachgefragt werden, leuchten bei der Schufa sozusagen die Warnlampen auf. Das gilt nicht für Anfragen im Rahmen einer ersten Beratung zu den Konditionen. Der Schufa-Kontakt erfolgt in dieser Phase in der Regel mit der Begründung „Abfrage Kreditkonditionen" und hat daher keine Auswirkungen auf Ihre künftige Kreditwürdigkeit.

→ **Mahnverfahren:** Es wirkt sich verständlicherweise ungünstig aus, wenn Sie mit Zahlungen für eine Verpflichtung schon länger im Rückstand sind. Dafür ist es zunächst gleichgültig, in welchem Maße der Vorgang selbst verschuldet ist oder nicht.

→ **Handyverträge:** Auch zum Abschluss von Handyverträgen gehört eine Schufa-Klausel. Der Mobilfunkanbieter kann eine Abfrage Ihrer Bonität machen, und er darf es der Schufa mitteilen, wenn Sie Ihre Rechnung monatelang nicht bezahlt haben.

→ **Mietschulden:** Wenn Sie in jüngster Zeit Probleme hatten, Ihre Miete aufzubringen, sollten Sie Ihre Kaufpläne ohnehin noch einmal überdenken.

→ **Schuldnerverzeichnis:** Hier wird nur eingetragen, wer schon mit dem Gerichtsvollzieher zu tun hatte und seine Verbindlichkeiten auch in mehreren Anläufen nicht bedienen konnte. Klar, dass ein Eintrag hier dem Antrag auf einen großen Kredit nicht zuträglich ist.

AUSFÜLLHILFE

→ S. 113

Formular L Unterlagen fürs Bankgespräch

Die Checkliste gibt Ihnen eine Vorstellung davon, was alles auf Sie zukommen kann. Wenn Sie diese Dokumente bereits beisammenhaben, bevor Sie sich das erste Mal mit einem Bankvertreter oder der Beraterin bei einem Vermittler treffen, dann vereinfacht das den Ablauf. Doch tatsächlich müssen Sie den hier aufgeführten Berg an Dokumenten nicht unbedingt bei einer Erstberatung vorlegen. Dazu genügt es, die wichtigsten Zahlen parat zu haben; Sie werden dennoch aussagekräftige Auskünfte zu Ihren Kreditmöglichkeiten erhalten. Doch bei gegenseitigem Interesse wird es beim nächsten Termin ernst, und Sie müssen die Nachweise zu Ihrer Identität und Ihren Eigenmitteln bereithalten, um weiterzukommen. Die Bank wird Ihnen sagen, welche Schriftstücke Sie im Einzelfall für den Kreditantrag benötigen.

Der Beleihungswert

Im Kontakt mit Bank oder Vermittler werden Sie vermutlich mit den Begriffen „Beleihungswert“ und „Beleihungsauslauf“ konfrontiert. Was ist das, und wie berechnet er sich?

Wir haben bisher der Einfachheit halber vor allem das Eigenkapital ins Verhältnis zum Kaufpreis gesetzt, um das Risikoniveau des Kredits abzuschätzen. Das ist auch in der Branche völlig üblich. Wenn die Bank allerdings den Kreditrahmen errechnet, legt sie als Wert der Immobilie nicht einfach den Kaufpreis zugrunde, sondern eine andere Zahl: den Beleihungswert. Denn die Bank vergibt Kredite oberhalb dieser Grenze nur mit Vorbehalten.

Die Rechnung mit dem Beleihungswert statt mit dem Kaufpreis dient auch dem Schutz der Verbraucher. In Zeiten einer Immobilienblase oder im Fall eines überteuerten Verkaufs soll die Bank sich nicht am aufgeblähten Preis orientieren, sondern an einer langfristig haltbaren Bewertung. Sehen Sie sich folgendes Beispiel an:

Rechenbeispiel 1 Beleihungswert
Überteuerter Kaufpreis: 600 000 Euro
Kreditsumme: 500 000 Euro
10 Jahre später
Marktwert nach dem Platzen der Blase: 350 000 Euro
Restschuld (verbleibender Kredit): 390 000 Euro

Sowohl der Bank als auch der Käuferin würde bei dieser Konstellation mulmig werden, schließlich übersteigt die Kreditsumme plötzlich den Wert der Wohnung. Der Kredit wird in den Büchern der Bank zum Risikoposten, und die Besitzerin weiß, dass sie keinesfalls ihr Einkommen verlieren darf – sie ist zum Abzahlen verdammt, sonst muss sie in die Privatinsolvenz. Wenn der Beleihungswert nach Berechnung der Bank bei 420 000 Euro liegt, sieht die Rechnung anders aus:

Rechenbeispiel 2 Beleihungswert
Überteuerter Kaufpreis: 600 000 Euro
Beleihungsgrenze: 400 000 Euro
daher Kreditsumme nur: 400 000 Euro (die Käuferin muss mehr Eigenkapital aufbringen)
10 Jahre später
Marktwert nach dem Platzen der Blase: 350 000 Euro
Restschuld (verbleibender Kredit): 320 000 Euro

Nun ist alles in Ordnung: Der Kredit bleibt kleiner als der Marktwert und ist damit weiterhin vollständig abgesichert.

Die Bank legt dem Beleihungswert auch Kriterien wie die Qualität des Objekts, vergleichbare Preise aus der Umgebung und eventuelle Schäden zugrunde. In schwierigen Fällen muss sie Gutachter heranziehen, um ihn zu ermitteln.

Im Beratungsgespräch mit der Bank fällt regelmäßig auch das Wort „Beleihungsauslauf“. Dabei handelt es sich um den Anteil des Kredits entweder am Kaufpreis oder am Beleihungswert, den sie bei der Kreditvergabe finanziert. Er wird in Prozent angegeben. Je niedriger der Beleihungsauslauf, desto besser. Je mehr Eigenkapital, desto niedriger der Beleihungsauslauf. Er ist mit dem Eigenkapitalanteil verwandt, bezieht sich aber auf den Beleihungswert.

Die Banken sehen gerne einen Beleihungsauslauf unter 80 Prozent. Früher war das einmal eine härtere Grenze, doch in den vergangenen Jahren ist der Eigenkapitalanteil insgesamt gesunken, sodass sich in der Folge die Erwartungen an die Realität angepasst haben. Heute erhalten Sie bei ausreichendem Einkommen auch bei 90 Prozent oder 100 Prozent noch problemlos ein Darlehen, allerdings eben nicht zu den

Beileihungsauslauf

Der Beleihungsauslauf gibt an, welcher Teil des sicheren Wertes einer Immobilie durch das Darlehen finanziert ist.

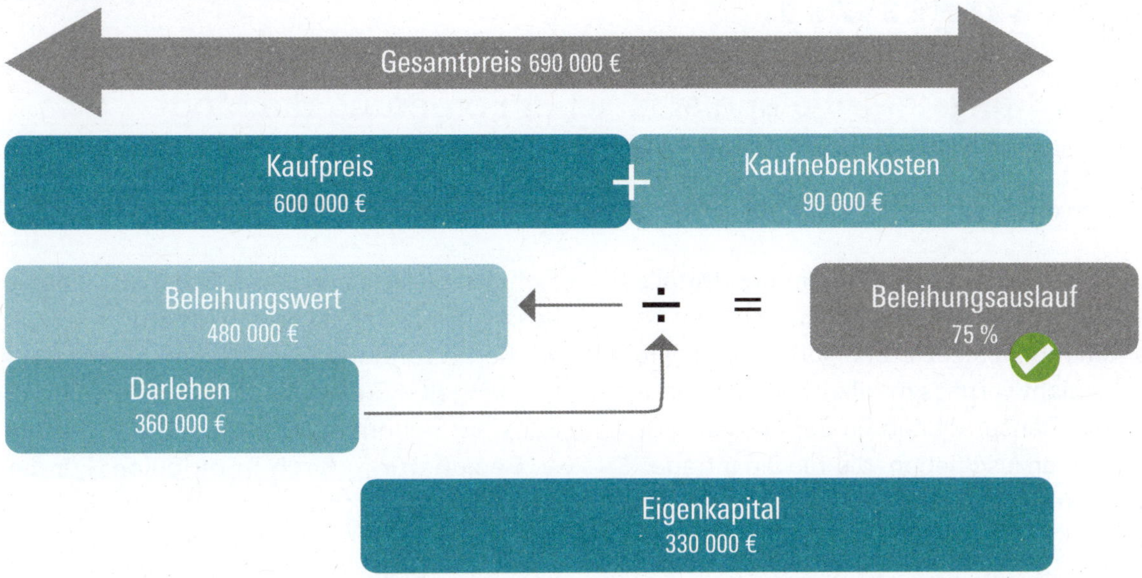

besten Bedingungen und auch nicht bei allen Kreditinstituten.

Beispiel 1 Beleihungsauslauf
Kaufpreis: 265 000 Euro
Beleihungswert: 212 000 Euro
Eigenkapital nach Nebenkosten: 100 000 Euro
Kredithöhe: 165 000 Euro
Beleihungsauslauf: 78 % des Beleihungswerts (165 000 von 212 000 Euro in Prozent) oder 62 % des Kaufpreises (165 000 von 265 000 Euro in Prozent)

In dem Beispiel stünde der Darlehensvergabe zu guten Bedingungen also nichts im Wege, obwohl die Bank den Beleihungswert recht niedrig angesetzt hat. Wenn dagegen nur wenige Prozentpunkte fehlen, lohnt es sehr, noch Eigenkapital zuzuschießen.

Beispiel 2 Beleihungsauslauf
Kaufpreis: 265 000 Euro
Beleihungswert: 212 000 Euro
Eigenkapital nach Nebenkosten: 80 000 Euro
Kredithöhe: 185 000 Euro
Beleihungsauslauf: 87 % (185 000 von 212 000 Euro in Prozent) oder 70 % des Kaufpreises (185 000 von 265 000 Euro in Prozent)

Hier sieht es vom Beleihungsauslauf her knapper aus, obwohl die Kundin – am Kaufpreis gemessen – ganze 30 Prozent Eigenkapital mitbringt. Wenn der Darlehensnehmer im Beispiel nur 50 000 Euro Eigenkapital hätte, würde der Kredit den Beleihungswert sogar knapp überschreiten. Das gilt als Geschäft mit höherem Risiko. Auch das lässt sich finanzieren – doch die Bank verlangt für das höhere Risiko auch höhere Zinsen. Diese Grenze hat übrigens nichts damit zu tun, wie viel der Kunde verdient. Es geht hier rein um die Kredithöhe im Vergleich zum Beleihungswert. Diese Faktoren ergeben sich aus der Wertermittlung, dem Kaufpreis und dem Eigenkapital.

Der Beleihungsauslauf verhält sich also anders als der Eigenkapitalanteil: Während der Eigenkapitalanteil möglichst hoch sein sollte, soll der Beleihungsauslauf möglichst gering ausfallen.

So sichern Sie sich optimale Konditionen

Reizen Sie mit privater Hilfe und staatlicher Förderung die Möglichkeiten aus, in den Augen der Bank besser dazustehen.

Jetzt sind Sie schon tief drin in den Details Ihrer Kreditsuche. Es wird nun Zeit, die Konditionen festzuzurren. Außerdem sollten Sie es nicht verpassen, die KfW einzubinden und die Inanspruchnahme der Fördermaßnahmen anzuschieben, die für Sie infrage kommen.

Zusätzliche Besicherung

Ein Thema, das im Beratungsgespräch zur Sprache kommen kann, ist die Möglichkeit zur zusätzlichen Absicherung des Kredits, indem Sie der Bank Zugriff auf ein wertvolles Anlagegut geben. Auch damit lassen sich die Konditionen verbessern.

→ **Besicherung durch Wertpapiere.** Aktien, Anleihen oder einen Rentenversicherungsvertrag können Sie als Sicherheiten hinterlegen, um bessere Kreditkonditionen herauszuholen. In diesem Fall machen Sie diese Wertpapiere nicht zu Geld, sondern gewähren der Bank den Zugriff darauf – und zwar nur für den Fall, dass Sie Ihre Raten nicht mehr bezahlen können. Doch auch wenn es diese Möglichkeit gibt, sollten Sie Anlagegüter wie Aktien, die sich einfach verkaufen lassen, stattdessen zu Geld machen und direkt als Eigenkapital nutzen. Das gilt, sofern die Papiere durch einen Börsencrash nicht gerade massiv an Wert verloren haben. Ist das der Fall, kann es sich lohnen abzuwarten, bis sich die Kurse erholt haben, und das Geld dann beispielsweise später zur Sondertilgung einzusetzen. Bei der Lebensversicherung sind noch weitere Überlegungen anzustellen: Altverträge schreiben oft hohe Garantiezinsen fest, die sich heute nicht mehr erzielen lassen. Es ist also häufig besser, sie laufen zu lassen. Wenn es kurz vor dem Wohnungskauf übel an Eigenkapital mangelt, können Sie diese Verträge der Bank als Sicherheit anbieten.

→ **Besicherung durch Immobilien.** Für die Besicherung durch ein Grundstück, ein Haus oder eine Eigentumswohnung kommen nicht nur eigene Immobilien, sondern auch die von Verwandten und sogar Freunden und Bekannten infrage. Von deren Seite handelt es sich um einen großen Vertrauensbeweis, die entsprechende Unterschrift zu leisten. Denn wenn Sie säumig werden, also die Rate nicht bezahlen, dann können Ihre Verwandten oder Freunde unter Umständen ihre eigenen vier Wände verlieren.

→ **Bürgschaft.** Reiche Verwandte, Freunde oder Geschäftspartner können in den Darlehensvertrag einsteigen, indem sie für seine Rückzahlung mit ihrem eigenen Geld bürgen. Die Bürgin ist dann verpflichtet, zu zahlen, wenn der Darlehensnehmer mit seinen Zahlungen in Verzug gerät.

Bitten Sie nur solvente Bürgen um Hilfe

Ganz wichtig: Die Bürgin sollte es sich auch im schlimmsten Szenario leisten können, die Raten zu übernehmen. Sie haftet für Ihren Kredit. Bitten Sie also niemanden darum, für Sie zu bürgen, bei dem das Geld schon knapp ist.

Die KfW einbeziehen

Da die kreditgebende Bank, Bausparkasse oder Versicherung den Förderkredit der KfW durchleitet, ist der Berater dort Ansprechpartner für die Förderung. Es kann jedoch vorkommen, dass die Banken Vorbehalte gegen die Vermittlung des staatlichen Darlehens haben. Lassen Sie sich genau erklären, worum es hier geht. Die Gründe, die dagegensprechen, sollten aus Ihrer Perspektive heraus gedacht sein. Macht ein KfW-Baustein die Finanzierung nicht günstiger, sondern nur komplizierter, können Sie sich davon überzeugen lassen, darauf zu verzichten. Wenn bloß die Bank davon weniger profitiert, einen Förderkredit einzubinden: Lassen Sie sich nicht abwimmeln. Die Sache müssen Sie klären, bevor Sie den Kauf durchziehen. Die KfW erlaubt keine rückwirkende Förderung, und Kreditsumme und -konditionen ändern sich erheblich, wenn die Förderung mit in die Gleichung kommt.

Einige Banken reichen Angebote der KfW im Rahmen von Sonderaktionen mitunter zu günstigeren Bedingungen weiter als andere. Fragen Sie gezielt nach folgenden Punkten:

→ Wird der Kredit der Bank mit KfW-Kredit günstiger als ohne? Das kann passieren, wenn die Bank das KfW-Darlehen nicht in den Beleihungsauslauf für ihr eigenes Darlehen einrechnet, obwohl sie gegenüber der KfW für die Rückzahlung haftet. Das wäre ein großer Pluspunkt für diesen Anbieter.

→ Ist bei der Berechnung des Finanzierungskonzepts einbezogen, dass die Zinsbindung bei der KfW nur fünf oder zehn Jahre beträgt? Für die Zeit nach Ablauf der Zinsbindung sollte vorsichtshalber ein höherer Zinssatz angesetzt werden.

Lassen Sie sich von diesen Ratschlägen aber nicht verunsichern – die seriösen Banken und Bausparkassen geben die KfW-Kredite routinemäßig weiter. Es kann jedoch durchaus vorkommen, dass gerade besonders günstige Kreditangebote einen Nachteil auf der Seite der KfW-Einbindung haben.

Riester beantragen

In Schritt 3 haben Sie bereits geprüft, ob eine Riester-Zulage zur Tilgung des Kredits für Sie infrage kommt. Falls Sie diese Möglichkeit in Anspruch nehmen wollen, müssen Sie nun darauf achten, ein Kreditangebot zu erhalten, das Riester-fähig ist. Häufig haben diese Angebote eigene Namen wie „Riester-Bausparvertrag“. Diesen gibt es eben auch als Kombikredit. Denken Sie auch an den steuerlichen Aspekt. Für das Wohnförderkonto wandert im Rentenalter Geld in Richtung Fiskus. Manche Berater der Bausparkassen vergessen, das zu erwähnen, wenn sie die Vor- und Nachteile berechnen. Stellt sich beim Nachrechnen heraus, dass es ein anderes Finanzierungsmodell ohne Riester-Komponente gibt, das günstiger liegt, dann sollten Sie es bevorzugen. Es ist simpler und bindet Sie nicht an Auflagen. Nur wegen der Förderung sollten Sie bei der Finanzierung keinen höheren Zinssatz akzeptieren.

Bonitätsnote verbessern

Sie können eventuell durch eine Abfrage überprüfen, ob die Schufa falsche Einträge zu Ihrer Person hat, und diese gegebenenfalls löschen lassen. Es lohnt dagegen meist nicht, zweifelhafte Anbieter mit einer „Schufa-Optimierung“ oder dergleichen zu beauftragen. Der Gesetzgeber schreibt vor, dass Auskunfteien wie die Schufa dem Bürger ihre Daten auf Wunsch kostenlos zurückspiegeln. Die Schufa als Privatunternehmen stellt aber kostenpflichtige Abfragewege mit wohlklingenden Namen wie „meineSchufa plus“ in den Vordergrund. Die Gratis-Abfrage findet sich dagegen unter dem weniger ansprechenden Menüpunkt „Datenkopie“.

Das richtige Timing

In Zeiten, in denen es oft viele Interessenten für ein Objekt gibt, müssen Sie vielleicht schnell sein, um zum Zug zu kommen.

Wenn Sie mehrere Angebote eingeholt, die Konditionen abgeklärt und sich für einen Anbieter mit günstigem Zins entschieden haben, wird dieser Ihnen eine Finanzierungsbestätigung ausstellen. Jetzt wird es Zeit, einen Kalender zur Hand zu nehmen und sich Gedanken über den weiteren Ablauf der Ereignisse zu machen. Machen Sie sich klar, zu welchem Zeitpunkt und in welchem Abstand nun der Abschluss des Kaufvertrags, die Beurkundung durch den Notar und die Überweisung der Kaufsumme erfolgen sollen. Es hat erst Sinn, den Notartermin zu vereinbaren, wenn Ihnen die Finanzierungsbestätigung der Bank vorliegt. Sie als Käufer wählen in der Regel den Notar aus und müssen ihn auch bezahlen. Wenn ein Makler beteiligt ist, wird er Ihnen bei diesen Schritten helfen.

Fristen unbedingt beachten

Wenn es zu Verzögerungen kommt und Sie die Kaufsumme nicht zum vereinbarten Zeitpunkt überweisen können, müssen Sie dem Vorbesitzer sogenannte Verzugszinsen zahlen. Das ist gegenüber dem Verkäufer nur fair, schließlich braucht auch er sein Geld in der Regel für ein neues Projekt.

→ **Finanzierungsbestätigung.** Nach dem Kreditantrag stellen die Banken im günstigen Fall eine Finanzierungsbestätigung bereits nach wenigen Tagen aus. Das Dokument macht beim Verkäufer Eindruck und gibt ihm die Sicherheit, es mit einem ernsten Interessenten zu tun zu haben. Später gibt es Ihnen die Möglichkeit, den Kauf anzuleiern, ohne befürchten zu müssen, doch noch ohne Geld dazustehen. Das Dokument heißt manchmal auch Finanzierungszusage. Es gibt sie in unverbindlicher und in rechtlich verbindlicher Form mit zwei Unterschriften von Bankenseite. Achtung: In seltenen Fällen kann die Bank auch danach noch einen Rückzieher machen – wenn sie beispielsweise feststellt, dass an den Angaben des Kunden etwas nicht gestimmt hat.

→ **Darlehensvertrag.** Wenn der Kaufwunsch konkret wird, dauert die Ausfertigung des Darlehensvertrags meist zwischen einer knappen Woche und einem knappen Monat.

→ **Rücktrittsfristen.** Nach Unterschrift und Rücksendung haben Sie noch eine Widerrufsfrist von 14 Tagen.

→ **Abschluss.** Die Bezahlung kann jetzt ihren Lauf nehmen. Achtung: Wenn der Kauf jetzt trotz allem platzt, dann müssen Sie der Bank meist eine Vergütung für das entgangene Geschäft zahlen, die Nichtabnahmeentschädigung. Noch einmal Achtung: Wenn Sie umgekehrt zuerst einen Kaufvertrag unterschreiben und Ihre Finanzierung platzt, dann sind Sie nicht nur in der peinlichen Lage, das Haus nicht bezahlen zu können. Sie müssen auch die teuren Notargebühren überweisen und eventuell den Verkäufer für das verkorkste Geschäft entschädigen.

Um eine Nichtabnahmeentschädigung zu vermeiden, sollten Sie erst den Kaufvertrag beim Notar unterschreiben und dann rasch das Darlehen abschließen. Lassen Sie sich nicht irritieren: Sie brauchen keinen fertigen Darlehensvertrag, um das Haus zu kaufen.

Alternative: Sie lassen sich den Darlehensvertrag ausfertigen und legen den Notartermin in die drei Wochen, die Sie durch Annahmefrist und Widerrufsfrist gewinnen.

Bis zu deren Ende kommen Sie noch kostenlos aus der Sache heraus.

Teure Verzögerungen

In der Praxis gehören Verzögerungen im Projekt zu den häufigsten Kostenfallen. **Beispiel:** Amelie hat ein Haus am Rande der Großstadt geerbt. Sie und ihr Mann Miguel haben lange im Ausland gearbeitet und wollten nach der Rückkehr mit dem Kind in die eigenen vier Wände einziehen. In dem Bungalow aus DDR-Zeiten haben jahrzehntelang die Eltern gelebt, ohne groß zu modernisieren. Die Familie hat mit der Planung ein gutes Jahr vor dem Umzugstermin begonnen und glaubt, reichlich Zeit für die aufwendige Sanierung zu haben. Das zuständige Bezirksamt hat sich jedoch mit der Baugenehmigung für ein aufgesetztes Dachgeschoss schwergetan. Es hat schließlich ein Dreivierteljahr gedauert, bis die Anträge durchkamen. So lange sind die Kosten für den Bauplaner jedoch weitergelaufen. Außerdem wurde das Haus bis zum Umzug nicht bezugsfertig, sodass noch ein halbes Jahr Miete auflief, obwohl genau in dieser Phase auch alle Baukosten anfielen und die ersten Kreditraten zu bezahlen waren. Die Verzögerung hat Amelie und Miguel einen fünfstelligen Betrag gekostet, der in ihrer Finanzplanung am Ende fehlte und durch zusätzliche Darlehen gedeckt werden musste. Weil der ursprüngliche Kredit schon freigegeben war, berechnete die Bank zudem noch Bereitstellungszinsen – ein geschlagenes Jahr lang. „Allein für unsere Mehrkosten hätte man früher eine Eigentumswohnung kaufen können", glaubt Amelie.

CHECKLISTE

Bearbeitungszeiten einplanen

Oft herrscht großer Zeitdruck, wenn das Objekt gefunden ist. Der Verkäufer munkelt meist von anderen Interessenten, die ebenfalls in den Startlöchern stehen. Doch die Banken brauchen Zeit, um das Geld bereitzustellen. Das gilt umso mehr für die Vermittler.

1. **Vorausplanen.** Achten Sie auf das Timing von Kauf- und Kreditvertrag. Machen Sie sich klar, wie die Finanzierung optimal abläuft und wo Probleme auftreten können.

2. **Durchlaufzeit im Blick haben.** Die reine Bearbeitung gelingt den Banken heute dank moderner Software recht schnell. Die Prüfung der Unterlagen, die Eingabe weiterer Daten und die Schufa-Abfrage dauern meist nur einige Stunden. Dennoch kann eine Woche vergehen, bis die Kreditzusage bei Ihnen eintrifft.

3. **Zeitdiebe vermeiden.** Eine Verzögerung kann eintreten, wenn es noch Fragen zu Ihrem Eigenkapital gibt oder ein Teil davon noch nicht zur Verfügung steht. Manchmal braucht die Bank zusätzliche Gutachten.

4. **Finanzierungslücke einplanen.** Eine Lücke entsteht auch bei Käufern, die auf den Verkauf ihrer bestehenden Immobilie warten müssen. Ein anderer Grund für eine Lücke: Die Zuteilung des Bausparvertrags lässt auf sich warten, und die Zwischenfinanzierung steht noch nicht.

5. **Überbrückung anfragen.** Die Finanzindustrie bietet unter Umständen ein passendes Produkt an, wenn es noch länger dauert als einige Wochen. Sie können dann mit der Bank über einen endfälligen Kredit reden. So ein Kredit trägt eine hohe Zinslast und ist recht teuer, kann das Problem mit dem Timing aber lösen.

Den Vertrag abschließen

Endspurt: Bald können Sie den Stift zücken und die Darlehensvereinbarung unterschreiben.

Sie sind fast am Ziel. Jetzt kommt es noch darauf an, sich bei der Verhandlung mit dem Kreditgeber eine gute Position zu verschaffen und den Abschluss reibungslos über die Bühne zu bringen.

Verhandlungspsychologie

Wer nachfragt und hartnäckig ist, erhält auch in der Welt der Immobilienfinanzierung zuweilen die besseren Vertragsbedingungen. Seien Sie nicht schüchtern, und lassen Sie sich nicht davon beeindrucken, es hier mit einer großen Finanzfirma zu tun zu haben. In Geschäftsdingen erhält man oft nur das, wonach man ausdrücklich fragt.

Wenn Sie dieses Set durchgearbeitet haben, dann wissen Sie bereits sehr viel über Immobilienfinanzierung. Sie kennen die Begriffe und Zusammenhänge. Daher können Sie selbstbewusst in die Gespräche hineingehen. Machen Sie sich klar: Sie sind kein Bittsteller, auch wenn die Bank Ihnen viel Geld überweist. Das ist keine Gnade und auch kein Almosen. Schließlich bezahlen Sie den Kredit fair über den Zins. Sie befinden sich angesichts des harten Wettbewerbs in der Finanzbranche zudem in einer starken Position – Sie könnten Ihren Abschluss ja auch mit dem nächsten Anbieter machen. Die Bankenbranche lebt von Kreditkunden – und die Vergabe von Immobiliendarlehen ist für sie heute besonders wichtig, weil es sich aus ihrer Sicht um eine sichere Anlageform handelt.

Gehen Sie sorgfältig vor. Den Kreditgeber nachträglich zu wechseln ist schwer bis unmöglich. Auch wenn Ihnen die Beraterin sehr sympathisch ist oder Sie sich mit dem Berater persönlich besonders gut verstanden zu haben glauben, sollten Sie nicht zögern, trotzdem den günstigeren Anbieter auszuwählen, wenn sie Ihnen keine Top-Konditionen bieten können. Es lohnt sich, heute etwas Mühe in die Auswahl des richtigen Partners zu stecken und dafür morgen gut zu schlafen.

Hilfe, die Institute lehnen meinen Antrag ab!

Wenn Ihre Kreditwürdigkeit nicht hoch genug ist, kann es sein, dass Banken und Bausparkassen Ihnen das Darlehen verweigern. Sie werden in der Regel eine Begründung erhalten, woran das liegt.

Gründe. Finanzierungen mit wenig Eigenkapital gibt es beispielsweise oft nicht für Angestellte mit befristeter Beschäftigung oder wenig Einkommen. Auch bei guter Finanzausstattung können ein Wohnsitz im Ausland oder der Aufenthaltsstatus in Deutschland ein Problem werden.

Umplanen. Wenn die Banken Ihnen kein Darlehen geben, weil Sie sich überheben würden, sollten Sie umdenken. Es bringt nichts, sich jetzt an einen unseriösen Kreditgeber zu wenden, der nicht so genau hinsieht. Sparen Sie lieber noch eine Weile.

Vorsicht. Immer weiter von Anbieter zu Anbieter zu rennen, bringt jedenfalls nichts: Diese übermitteln die Anfragen an die Schufa, sodass Ihre Bonität weiter leidet.

Restschuldversicherung, ja oder nein?

Der Berater wird vielleicht versuchen, Sie davon zu überzeugen, eine Restschuldversicherung abzuschließen. Eine Restschuldversicherung tilgt den ganzen Kredit bei der Bank, falls Sie sterben sollten. Der überlebende Partner und die Kinder können in den eigenen vier Wänden wohnen bleiben. Das ist sinnvoll, weil Schulden auf die Erben übergehen. Sie sollten nur darauf verzichten, wenn eine sehr gute Lebensversicherung vorhanden ist, mit deren Versicherungssumme sich der Kredit problemlos ablösen lässt.

Lassen Sie sich aber nicht unter Druck setzen. Die Andeutung, dass die Versicherung eine Vorbedingung für den Kredit zu den vorgelegten Bedingungen ist, stimmt meist nicht. Wenn die Versicherung wirklich verpflichtend ist, weil Ihre Kreditwürdigkeit auf der Kippe steht, gilt wie bei allen unumgänglichen Kreditkosten: Die Prämie für die Restschuldversicherung muss als Teil des effektiven Jahreszinses eingerechnet sein.

Die Preisunterschiede für Restschuldversicherungen sind gewaltig. Vergleichen Sie mehrere Angebote am Markt, bevor Sie die Versicherung abschließen. Für einen Kredit in Höhe von 200 000 Euro muss sie auf die gesamte Laufzeit nicht mehr als 1200 Euro kosten, das heißt 5 Euro im Monat. Nehmen Sie also nicht unbesehen diejenige Versicherung, die Ihnen die Beraterin im Paket mit dem Kredit verkaufen möchte. Es könnte sich um den Versuch handeln, trotz günstiger Darlehenskonditionen an einem teuren Zusatzprodukt zu verdienen. Eine Untersuchung zu Restschuldversicherungen finden Sie unter test.de/restschuldversicherung.

Idealerweise sollte die Versicherungssumme immer so hoch wie die Rest-

CHECKLISTE

Auszahlung

Das Geld kann erst fließen, wenn bei der Bank eine Reihe von Dokumenten vorliegt.

1. **Kreditvertrag.** Der Kreditvertrag muss der Bank unterschrieben vorliegen.

2. **Auszahlungsauftrag.** Alle Kreditnehmer müssen den Auszahlungsauftrag unterschreiben. Die Bank schickt ihn als Formular.

3. **Grundschuld.** Die Bank benötigt einen Nachweis darüber, dass die Grundschuld bestellt ist. Der Notar füllt dafür in der Regel Formulare der Bank aus. Sie erhält außerdem einen Grundbuchauszug, nachdem die Grundschuld eingetragen ist.

4. **Kaufpreisfälligkeitsmitteilung.** Der Notar verschickt eine Mitteilung, dass der Kaufpreis nun zu zahlen ist, weil von seiner Seite alle nötigen Voraussetzungen erfüllt sind.

5. **Eigenkapitalnachweis.** Es reicht nicht, wenn das Eigenkapital theoretisch vorhanden ist (zum Beispiel in Aktien oder einem Riester-Vertrag), sondern es muss konkret als Cash auf dem Konto sichtbar sein. Die Aktien müssen also schon verkauft und der Riester-Vertrag kapitalisiert sein. Möglicher Nachweis: Ein Kontoauszug, auf dem die Summe sichtbar ist.

6. **Auflagen der KfW.** Zuweilen benötigt die KfW ihrerseits weitere Nachweise, um grünes Licht geben zu können.

7. **Für Hausbauer: Bautenstandsnachweis.** Der Bautenstandsnachweis signalisiert der Bank, wann die nächste Teilzahlung fließen kann. Bei Neubauten ist jede Abschlagszahlung vom Erreichen einer Etappe beim Baufortschritt abhängig.

UNSER RAT

Der Eigentumsübertrag zieht sich hin – was tun?

Wenn der Kaufpreis bezahlt ist, steht der Eintragung der neuen Eigentümerin im Grundbuch eigentlich nichts im Wege. Doch während die Eintragung der Grundschuld nur rund einen Monat dauert, sind die Grundbuchämter hier deutlich langsamer. In einigen Gemeinden können Monate vergehen. Der Notar hat verschiedene Instrumente, um damit umzugehen:

Belastungsvollmacht. Um die Grundschuld eintragen zu können, obwohl der Vorbesitzer noch als Eigentümer im Grundbuch steht, kann der Notar sich von diesem eine Belastungsvollmacht ausstellen lassen. Er kann dann die neue Grundschuld schon vor dem Eigentümerwechsel eintragen. Also: alter Besitzer, aber neue Grundschuld.

Auflassungsvormerkung. Mit einer Auflassungsvormerkung sperrt der Notar das Grundbuch bis zum Eigentumsübergang für weitere Änderungen. Sonst könnte der Alteigentümer noch Änderungen veranlassen.

Unbedenklichkeitsbescheinigung. Wenn die Grunderwerbsteuer bezahlt ist, stellt das Finanzamt eine Bescheinigung darüber aus. Erst, wenn die Unbedenklichkeitsbescheinigung vorliegt, ändern die Beamten im Grundbuchamt die Zeile mit dem Eigentümer der Immobilie. Bis dahin bleibt die Auflassungsvormerkung stehen.

schuld bleiben. Es gibt jedoch besonders günstige Angebote, die hier zeitweilig eine Lücke von einigen Tausend Euro lassen. Das kann in Ordnung gehen, denn immerhin schützen auch diese eine Familie vor der Finanzkatastrophe.

Der Notartermin

Die Geschichte Ihrer Immobilienfinanzierung erreicht ihren Höhepunkt mit dem Notartermin zum Abschluss des Kaufvertrags, der Auszahlung des Kredits und der Überweisung der Kaufsumme. Diese Vorgänge sind genauestens geregelt – immerhin bedeuten sie für viele Menschen die größte einzelne Geldbewegung ihres Lebens.

Die entscheidende Voraussetzung für die Auszahlung des Geldes ist die Eintragung der Grundschuld. Dabei handelt es sich um einen Vorgang, um den sich viele altertümliche Worte ranken, die letztlich darauf hinauslaufen, dass Sie Ihren Kredit mit der Immobilie besichern. „Bestellung der Grundschuld" bedeutet, dass die Immobilie mit einem Pfandrecht belastet wird. In vielen Fällen läuft das so:

→ Die Bank schickt Ihnen vorher ein Grundschuldbestellungsformular. Alle neuen Eigentümer müssen es unterschreiben. Das Formular bezeichnet durch Angabe der Flurstücknummer exakt, um welches Grundstück es sich handelt. Die furchterregend klingende „Vollstreckungs- und Unterwerfungsklausel" betrifft den Fall, dass Sie den Kredit nicht mehr bedienen können. Sie sagt, dass die Bank dann Ihr Vermögen angreifen und das Grundstück zu Geld machen darf, um sich aus dem Erlös zu bedienen. Dieses Formular bringen Sie zum Notartermin mit. Idealerweise erledigen Sie den Abschluss des Kaufvertrags und die Vorbereitung der Grundschuldbestellung in einem Aufwasch. Das ist allerdings nicht immer möglich.

→ Die Notarin beantragt, die Grundschuld ins Grundbuch einzutragen. Sie erstellt dazu eine Urkunde zur Grundschuldbestellung und wendet sich damit an das Grundbuchamt beim Amtsgericht.

→ Erst nach Eintrag ins Grundbuch wird die Bank den Kredit auszahlen. Sie erhält eine vom Notar bestätigte Ausfertigung der unterschriebenen Urkunde.
→ Die Notarin teilt allen Beteiligten noch die „Kaufpreisfälligkeit" mit. Sie gibt damit grünes Licht für die Bezahlung der Immobilie. Das tut sie, nachdem sie geprüft hat, dass im Grundbuch nichts steht, was dem Kauf entgegensteht.
→ Außerdem sperrt sie das Grundbuch für weitere Transaktionen durch den Verkäufer, damit dieser die Immobilie nicht schnell noch beleihen oder jemand anderem verkaufen kann. Das nennt sich „Auflassungsvormerkung". Das Schreiben mit der Mitteilung der Kaufpreisfälligkeit sollten Sie ebenfalls an die Bank weiterleiten, wenn der Notar der Bank nicht schon eine Kopie des Schreibens geschickt hat.

Ihr Kredit wird ausgezahlt

Jetzt steht der Auszahlung des Kredits nichts mehr im Wege. Doch die Bank benötigt meist noch einige Tage, bis sie das Geld bereitstellt. Sie wird Ihnen Auszahlungsformulare schicken. Für die Auszahlung gibt es dabei verschiedene Wege.
→ **Überweisung auf ein Treuhandanderkonto oder direkt an den Verkäufer.** Die Bank überweist ihren Teil des Kaufpreises auf ein Treuhandkonto (Anderkonto) des Notars oder direkt an den Verkäufer. Der Verkäufer kann auch ein Bauträger, ein Immobilienentwickler oder eine andere Firma sein.
→ **Überweisung auf Ihr Konto.** Die Bank überweist Ihnen das Geld, Sie werfen es mit dem Eigenkapital zusammen und überweisen es Ihrerseits auf das Anderkonto des Notars oder Sie überweisen es direkt an den Verkäufer.

INFO

Das Anderkonto

Sichere Zahlung. Das Treuhandanderkonto (auch Notaranderkonto genannt) dient dem Schutz beider Parteien vor Betrug.

Neutraler Dritter. Der Notar führt das Konto im Auftrag des Käufers und des Verkäufers. Er verhindert damit, dass der Verkäufer das Geld beiseite schafft, ohne das Eigentum zu übertragen.

Zwischenlager. Der Käufer zahlt den Kaufpreis zunächst auf dieses Konto ein. Erst, wenn er als neuer Besitzer ins Grundbuch eingetragen ist, überweist der Notar das Geld dem Verkäufer.

→ **Auszahlung von Teilbeträgen beim Hausbau.** Damit der Bauherr nicht mit dem Baugeld durchbrennt, geben die Banken es nur scheibchenweise – und zwar erst, wenn die Baufirma Nachweise über den Abschluss eines Bauabschnitts liefert.

Nachdem das Geld beim Verkäufer eingegangen ist und er das dem Notar bestätigt, reicht dieser einen Antrag auf Umschreibung des Eigentums beim Grundbuchamt ein. Sie können umziehen – und zahlen künftig Kreditraten fürs Eigenheim statt Miete. Herzlichen Glückwunsch.

Service

Fachbegriffe erklärt

110%-Finanzierung Kredit für Kunden ohne Eigenkapital, denen die Bank sogar die Kaufnebenkosten leiht.

Agio Zinsvorauszahlung. Die Kreditsumme vergrößert sich um diesen Prozentsatz, ohne dass Kreditnehmer das Geld ausgezahlt erhalten.

Anderkonto Konto des Notars, auf das der Kaufpreis überwiesen wird, damit der Verkäufer es nicht veruntreut.

Annuitätendarlehen Ein Darlehen, bei eine gleichbleibende Monatsrate zu zahlen ist.

Anschlussfinanzierung Nachdem eine Zinsbindungsfrist ausläuft, sind oft noch Schulden übrig. Dafür ist eine Anschlussfinanzierung nötig.

Ansparphase Die Jahre, in denen man in einen Bausparvertrag einzahlt. Endet mit Zuteilung.

Arbeitgeberdarlehen Manche Firmen vergeben Kredite an ihre Mitarbeiter, die zum Teil wie Eigenkapital wirken können.

Auflassungsvormerkung Der Notar sperrt das Grundbuch damit zeitweilig für Änderungen. So können Verkäufer die Immobilie nicht zweimal verkaufen.

Bauherrenwagnis Das Risiko, das Sie immer tragen, wenn Sie auf eigene Rechnung und Verantwortung ein Haus bauen.

Bauleistungsversicherung Versicherung gegen Sturmschäden und dergleichen am Rohbau.

Baunebenkosten Die Zusatzkosten des Hausbaus wie Baustrom oder Entsorgung des Aushubs. Anders als Kaufnebenkosten gehören sie zu dem Teil, den die Bank größtenteils finanziert.

Bauspardarlehen Der Kredit, den Bausparerinnen erhalten. Er ist Teil der Bausparsumme.

Bausparguthaben Das Geld, das Bausparer bereits eingezahlt haben in ihren Vertrag plus Zinsen.

Bausparsofortdarlehen Sonderform des Bausparens, bei der die Bausparsumme eines neuen Bausparvertrags mit einem Darlehen bis zur Zuteilung vorfinanziert wird. Der Kunde erhält sofort Geld ausgezahlt und beginnt erst dann den Bausparvertrag anzusparen.

Bausparsumme Der Betrag, den Bausparer nach Abschluss der Ansparphase erhalten.

Bausparvertrag Ein Produkt, das Sparen und Kredit verbindet. Bausparer zahlen einige Jahre ein und bauen damit ein Sparguthaben auf. Dann erhalten sie die Bausparsumme, die zu 50 bis 70 Prozent aus einem Kredit besteht, den sie zurückzahlen.

Bauzins Die Zinsen für einen Kredit bei der Immobilienfinanzierung.

Beleihungsauslauf Der Anteil des Kredits am Wert der Immobilie. Er wird in Prozent des (angemessenen) Kaufpreises oder in Prozent des niedrigeren Beleihungswertes angegeben.

Beleihungswert Der Immobilienwert, der bei einer vorsichtigen Bewertung bei einem späteren Verkauf der Immobilie nachhaltig erzielbar ist. Liegt fast immer unter dem Kaufpreis.

Bereitstellungszinsen Wenn das Darlehen auszahlungsbereit ist, Kreditnehmer das Geld aber noch nicht abrufen, zahlen sie nach Ablauf einer Karenzzeit Zinsen auf den noch nicht ausgezahlten Darlehensbetrag.

Beurkundung Bei einem Immobilienkauf stellt der Notar eine Urkunde über den Kaufvertrag aus. Nur beurkundete Kaufverträge sind gültig.

Bewertungsstichtag Feste Termine, zu denen die Bausparkasse für ihre Kunden prüft, ob ihre Verträge zuteilungsreif sind.

Bewertungszahl Bausparer sammeln in der Ansparphase Punkte bei der Bausparkasse, die sich nach der Spardauer und der Höhe ihrer Sparraten im Verhältnis zur Bausparsumme richten. Nur wenn sie genug Punkte haben, kommt die Zuteilung infrage.

Bonität Die Kreditwürdigkeit eines Kunden.

Darlehen Anderes Wort für Kredit.

Darlehenszinsen = Zinsen.

Depot Die Aktien, Anleihen und anderen Wertpapiere eines Anlegers sind beim Dienstleister im Depot zusammengefasst.

Disagio Der Kreditnehmer erhält nicht den vollen Betrag ausgezahlt, bekommt dafür aber einen niedrigeren Sollzinssatz. Wie das Agio eine Zinsvorauszahlung. Auf Deutsch: Abschlag.

Effektiver Jahreszins = Effektivzins

Effektivzins Zinssatz, der die tatsächlichen Kosten eines Kredits am besten widerspiegelt. Wichtigste Kenngröße für den Vergleich von Kreditkonditionen.

Effektivzinssatz = Effektivzins.

Eigenheimrente = Wohn-Riester.

Eigenkapital Geld, das der Käufer selbst schon mitbringt, um eine Immobilie zu bezahlen.

Eigenkapitalersatz Geld, das gegenüber der Bank wie Eigenkapital wirkt, aber von anderen zur Verfügung gestellt wird.

Eigenmittel = Eigenkapital.

Elementarschadenversicherung Hausversicherung gegen Flut, Erdbeben und dergleichen.

endfällig Anders als der Ratenkredit ist ein endfälliger Kredit am Ende seiner Laufzeit auf einen Schlag zurückzuzahlen. Bis dahin zahlen Kunden nur Zinsen. Dient oft zur Überbrückung als Zwischenkredit.

Erhaltungsaufwand Die Kosten für Reparaturen und das Schönhalten einer Immobilie.

Erschließungskosten Beim Hausbau die Kosten für die Straße, die Strom- und Wasserleitungen oder den Abwasserkanal. Die Gemeinde stellt oft einen Teil den Bauherrinnen in Rechnung.

Festzinsdarlehen Kredit mit Zinsbindung.

Finanzierungsplan Aufstellung der Geldquellen und des Ablaufs der Kreditzurückzahlung bei der Immobilienfinanzierung. Seine Form ist nicht offiziell festgelegt.

Flächenermittlung Ein genormtes Verfahren, um die Wohn- und Nutzfläche einer Wohnung oder eines Hauses zu ermitteln.

Forwarddarlehen Kreditnehmerinnen können sich schon einige Jahre vor Ablauf der Zinsbindung die Konditionen für die Anschlussfinanzierung sichern. Das Forwarddarlehen springt an, wenn die Zinsbindung des Kredits endet. Kann der Sicherung niedriger Zinsen dienen.

Fremdkapital Das Geld, das die Bank dem Immobilienkäufer leiht. Das Darlehen.

Fremdmittel = Fremdkapital.

Grundbuch Register beim Amtsgericht, in dem für jedes Grundstück und jede Wohnung verzeichnet ist, wem sie gehört. Dort ist eingetragen, ob eine Bank ein Pfandrecht auf die Immobilie hat, weil sie beliehen ist.

Grundbuchamt Die Behörde, die das Grundbuch verwaltet.

Grunderwerbsteuer Eine Steuer, die einmalig beim Kauf von Häusern, Wohnungen und Grundstücken anfällt.

Grundschuld Pfandrecht der Bank an der Immobilie. Die Bank kann die Zwangsversteigerung einleiten und die Immobilie verwerten, wenn Darlehensnehmer ihre Raten nicht bezahlen. Steht im Grundbuch.

Grundschuldbestellung Die Eintragung der Grundschuld ins Grundbuch.

Grundschuldzins Dient der Bank als Sicherheit neben dem Betrag der Grundschuld. Der Grundschuldzinssatz liegt mit etwa 12 oder 15 Prozent weit über dem Darlehenszinssatz. Es ist kein Zinssatz, den Kunden zahlen müssen. Grundschuld und Grundschuldzinsen bestimmen zusammen den maximalen Betrag, den die Bank über eine Zwangsversteigerung eintreiben kann. Sie darf aber nur ihre berechtigten Forderungen aus dem Vertrag geltend machen.

Grundsteuer Eine jährliche Steuer, die der Staat für alle Immobilien in Deutschland kassiert. Nicht zu verwechseln mit der einmaligen Grunderwerbsteuer.

Herstellungskosten Alle Kosten für die Erstellung eines Gebäudes, inklusive Bau- und Kaufnebenkosten.

Hypothek Neben der Grundschuld die zweite Variante, um der Bank für den Fall des Zahlungsausfalls Zugriff auf die Immobilie zu geben. Anders als die Grundschuld ist sie fest an den Kredit gebunden und deckt nur den Teil des Kredits ab, der noch nicht zurückgezahlt ist.

Immobilienbewertung Eine Abschätzung des möglichen Verkaufswerts der Immobilie. Makler oder Bank machen das meist unkompliziert und kostenlos. Simpler als ein Wertgutachten.

Kapitaldienst Die Zahlung von Zins und Tilgung..

Kaufnebenkosten Die Kosten, die noch auf den Kaufpreis obendrauf kommen. Vor allem Notargebühren, Grunderwerbsteuer und Maklerprovision. Verteuern den Kauf um 5 bis 15 Prozent.

KfW Ursprünglich „Kreditanstalt für Wiederaufbau", firmiert heute aber nur noch unter ihrer Abkürzung. Staatliche Förderbank.

Kombikredit = Bausparsofortdarlehen.

Konditionen Die Vertragsbedingungen eines Kredits wie Sollzins, Laufzeit, Kündigungsregeln, Gebühren und so weiter.

Kreditfähigkeit Sie können nur einen Kreditvertrag abschließen, wenn Sie erwachsen und geschäftsfähig sind. Nicht zu verwechseln mit Kreditwürdigkeit.

Kreditinstitut Unternehmen, die Darlehen vergeben dürfen. Banken, Genossenschaftsbanken, Sparkassen, Bausparkassen.

Kreditkondition = Konditionen.

Kreditrahmen Die Kreditsumme, die Sie sich vom Einkommen her maximal leisten können.

Kreditwürdigkeit = Bonität.

Kreditzinsen = Darlehenszinsen.

Laufzeit Die Zeit, bis der Kredit abbezahlt ist. Beim Volltilgerdarlehen identisch mit der Zinsbindungsfrist.

Leitzins Die Notenbank (= Zentralbank) in Frankfurt setzt fest, wie viel die normalen Banken zahlen müssen, um sich dort mit Geld zu versorgen. Seine Höhe beeinflusst den Bauzins.

MaBV Die Makler- und Bauträgerverordnung (MaBV) regelt unter anderem die Zahlungen, die Bauträger in Abhängigkeit vom Baufortschritt höchstens verlangen dürfen. Dadurch soll vermieden werden, dass Käufer Vorauszahlungen leisten, die nicht durch den Wert der erbrachten Bauleistungen gedeckt sind.

Mindestrückbehalt Die Summe, die nach Zahlung von Darlehensrate und Wohnkosten noch zum Leben bleibt. Die Banken müssen darauf achten, die Rate entsprechend anzusetzen.

Modernisierung Kleinere Baumaßnahme, die Wohnung oder Haus bequemer, energiesparender oder größer macht.

Nachrangdarlehen Darlehen, für das der Kreditgeber nur den zweiten oder einen höheren Rang im Grundbuch beansprucht. Kommt es zum Zahlungsausfall, wird er aus dem Zwangsversteigerungserlös nachrangig bedient Er trägt damit ein höheres Risiko.

Nichtabnahmeentschädigung Wenn ein Kreditkunde einen Darlehensvertrag unterschreibt und das Geld dann doch nicht braucht, verlangt die Bank eine Entschädigung für den entgangenen Zinsgewinn. Berechnet sich aus Marktzinsen.

Nominalzins = Sollzins.

p.a. „per annum" = aufs Jahr bezogen. Sagt nur, dass der Zinssatz sich auf ein Jahr bezieht.

Pfandrecht Recht der Bank, die Immobilie im Wege der Zwangsversteigerung zu verwerten, wenn der Kreditnehmer die Raten nicht mehr zahlt.

Prolongation Latein für „Verlängerung". Form der Anschlussfinanzierung: wenn Sie bei der gleichen Bank den bestehenden Kredit zu den angebotenen Konditionen verlängern. Es werden dann nur einzelne Konditionen wie der Zinssatz geändert, die sonstigen Regelungen des Vertrags bleiben bestehen.

Rate Das, was Darlehensnehmer jeden Monat zurückzahlen. Setzt sich aus Zins und Tilgung zusammen.

Ratenkredit Kredit, der in immer gleichen Raten zurückgezahlt wird. In der Immobilienfinanzierung identisch mit dem Annuitätendarlehen.

Restschuld Betrag, der nach Ablauf einer Zinsbindung offen ist.

Restschuldversicherung Versicherung, die im Todesfall eines Kreditnehmers die Familie davor schützt, aus der eigenen Immobilie ausziehen zu müssen, weil sie die Rate nicht zahlen kann.

Rohbauversicherung Versichert

das Gebäude während des Baus gegen Feuer und dergleichen.

Sachwertverfahren Eine der Möglichkeiten der Bank, den Immobilienwert zu errechnen.

Sicherheitenstellung Bei der Immobilienfinanzierung in der Regel die Eintragung der Grundschuld.

Sollzins Der Sollzins ist der reine Zins, den die Bank fürs Verleihen des Geldes berechnet. Aussagekräftiger ist der Effektivzins, weil dieser weitere Kosten und Gebühren beinhaltet.

Sonderkündigungsrecht Wenn Sie einen Kredit mit mehr als zehn Jahren Zinsbindung aufnehmen, gibt Ihnen der Gesetzgeber die Möglichkeit, zehn Jahre nach Kreditauszahlung mit einer Frist von sechs Monaten zu kündigen – zum Beispiel um auf ein günstigeres Darlehen umzuschulden. Es fällt dann keine Vorfälligkeitsentschädigung an.

Sondertilgung Darlehensnehmer können zusätzlich zu den festen monatlichen Tilgungen außer der Reihe Geld zurückzahlen und so ihre Schulden schneller abtragen. Das Recht auf Sondertilgungen muss im Kreditvertrag vereinbart sein. Jährliche Sondertilgungen bis zu 5 Prozent der Kreditsumme sind meist ohne Zinsaufschlag möglich.

Tagesgeld Sichere Form der Geldanlage, derzeit mager verzinst.

Teilauszahlungszuschlag Einige Banken verlangen Gebühren für jede Tranche eines Baukredits, die sie auszahlen. Doppelt sich mit den Bereitstellungszinsen.

Tilgung Die Rückzahlung des geliehenen Geldes. Die monatliche Rate setzt sich aus Zins und Tilgung zusammen. Den Zins behält die Bank, die Tilgung verringert den Schuldenberg.

Tilgungssatz Der Anteil des Kredits, den die Darlehensnehmerin zurückzahlt, ausgedrückt in Prozent der Anfangskreditsumme pro Jahr. Teil der Rate.

Tilgungsstreckung Wer in Geldschwierigkeiten steckt, kann die Bank darum bitten, die Raten eine Weile auszusetzen oder zu verringern. Dadurch verlängert sich aber die Laufzeit.

Tilgungszuschuss Eine Form der Förderung, bei der Kreditnehmer direkt Geld zum Abbezahlen des Darlehens geschenkt bekommen. Das unterscheidet sich deutlich von der vorherrschenden Form der Förderung als zinsgünstiges Darlehen, das zurückzuzahlen ist.

Umbauter Raum Innerer Rauminhalt eines Hauses; spielt eine Rolle für die Wertberechnung nach dem Sachwertverfahren.

Verkehrswert Der aktuelle Preis am Markt.

Vermögenswirksame Leistung Sparraten von Arbeitnehmern auf einen Sparvertrag zur Vermögensbildung, die vom Arbeitgeber überwiesen werden. Oft übernimmt sie ganz oder teilweise der Arbeitgeber. Für VL in Bauspar- und Fondssparverträgen bekommen Arbeitnehmer mit niedrigem Einkommen eine Arbeitnehmer-Sparzulage.

Vertragslaufzeit = Laufzeit.

Vollfinanzierung Finanzierung des Kaufpreises voll auf Kredit (100-Prozent-Finanzierung). Werden auch die Nebenkosten mit finanziert, spricht man von einer „Überfinanzierung" = 110%-Finanzierung

Volltilgerdarlehen Kreditform, bei der die Zinsbindung bis zur Schuldenfreiheit gilt. Der Darlehensnehmer behält den Zinssatz aus der Zeit des Vertragsabschlusses bis zum Schluss.

Vorfälligkeitsentschädigung Wer einen Kredit vor Ende seiner Laufzeit ablösen will, muss meist eine Vorfälligkeitsentschädigung zahlen. Dabei wird das Kreditinstitut für das entgangene Zinsgeschäft entschädigt.

Wertermittlungsgebühren Die Gebühr des Gutachters, um den Wert der Immobilie zu ermitteln.

Wertgutachten Banken und Vermittler verfügen über eine Software, die den Wert von Häusern schätzen kann. Genauer machen dies aber professionelle Gutachter, die den Zustand, die Lage und die generelle Attraktivität unter die Lupe nehmen. Auch Wertermittlungsgutachten genannt. Aufwendiger als die einfache Immobilienbewertung.

Wertschätzungsgebühr Meist sinngleich mit Wertermittlungsgebühr. Einige Banken verlangen jedoch auch Geld für ihre eigene, simplere Immobilienbewertung und nennen das Wertschätzungsgebühr.

Wohn-Riester Förderung von Riester-Verträgen, die für den Bau, den Kauf, den altersgerechten Umbau oder die Entschuldung einer selbst genutzten Immobilie eingesetzt werden. Die Förderung gibt es auch für die Tilgung spezieller Riester-Darlehen.

Zielbewertungszahl = Bewertungszahl.

Zins = Darlehenszins.

Zinsbindung Zeitraum, in dem der Sollzinssatz festgeschrieben ist.

Zinsfestschreibung = Zinsbindung.

Zinssatz = Darlehenszins. Der Begriff Zinssatz ist die korrekte Bezeichnung für den Prozentsatz, den die Bank aufschlägt. Der „Zins" ist eigentlich der Betrag. Im Alltag wird „Zins" auch für „Zinssatz" gebraucht.

Zuteilung Der Moment im Leben eines Bausparers, in dem er genug eingezahlt hat, um die Bausparsumme abrufen zu können. Danach zahlt er das Bauspardarlehen ab. Siehe „zuteilungsreif".

zuteilungsreif Ein Bausparvertrag muss mehrere Kriterien erfüllen, um zugeteilt werden zu können. Vor allem müssen die Bewertungszahl und das Mindestguthaben erreicht sein. Sind diese Kriterien erfüllt, kann er in der kommenden Zuteilungsperiode, meist zwei bis vier Monate nach dem letzten Bewertungsstichtag, zugeteilt werden.

Zuteilungstermin Der Zeitpunkt der Zuteilung. Bausparkassen können ihn traditionell nicht exakt angeben. Die Zuteilungsfristen sind aber schon seit vielen Jahren stabil.

Zwangsversteigerung Werden Kreditnehmer zahlungsunfähig, darf die Bank die Zwangsversteigerung der Immobilie einleiten. Sie wird dann vom zuständigen Gericht meistbietend verkauft.

Zwischenfinanzierung Eine Zwischenfinanzierung wird oft nötig, wenn Geld zu zahlen ist, das noch nicht hereingekommen ist. Wenn beim Hauskauf etwa erst das alte Haus verkauft werden muss und das Geld dafür noch nicht überwiesen ist. Meist ein endfälliger Kredit.

Register

Die Stiftung Warentest wurde 1964 auf Beschluss des Deutschen Bundestages gegründet, um dem Verbraucher durch vergleichende Tests von Waren und Dienstleistungen eine unabhängige und objektive Unterstützung zu bieten.

Wir kaufen – anonym im Handel, nehmen Dienstleistungen verdeckt in Anspruch.

Wir testen – mit wissenschaftlichen Methoden in unabhängigen Instituten nach unseren Vorgaben.

Wir bewerten – von sehr gut bis mangelhaft, ausschließlich auf Basis der objektivierten Untersuchungsergebnisse.

Wir veröffentlichen – anzeigenfrei in unseren Büchern, den Zeitschriften test und Finanztest und im Internet unter www.test.de

Stiftung Warentest
Lützowplatz 11–13
10785 Berlin
Telefon 0 30/26 31–0
Fax 0 30/26 31–25 25
www.test.de
email@stiftung-warentest.de

USt-IdNr.: DE136725570

Vorstand: Hubertus Primus
Weitere Mitglieder der Geschäftsleitung:
Dr. Holger Brackemann, Julia Bönisch, Daniel Gläser

Programmleitung: Niclas Dewitz

Autor: Finn Mayer-Kuckuk
Projektleitung und Lektorat: Ursula Rieth
Mitarbeit im Lektorat: Merit Niemeitz
Fachliche Unterstützung: Jörg Sahr, Katharina Henrich, Alrun Jappe
Korrektorat: Christoph Nettersheim
Titelentwurf: Christian Königsmann
Layout: Martina Römer
Grafik, Satz: Anna Bakalovic
Bildnachweis: mauritius images (Westend61, Rainer Berg)
Infografiken: Anna Bakalovic, René Reichelt/Finanztest (S. 6/7, 91)

Produktion: Vera Göring
Verlagsherstellung: Rita Brosius (Ltg.), Romy Alig, Susanne Beeh
Litho: tiff.any, Berlin
Druck: pva, Druck und Medien-Dienstleistungen GmbH

ISBN: 978-3-7471-0372-2

Wir haben für dieses Buch 100% Recyclingpapier und mineralölfreie Druckfarben verwendet. Stiftung Warentest druckt ausschließlich in Deutschland, weil hier hohe Umweltstandards gelten und kurze Transportwege für geringe CO_2-Emissionen sorgen. Auch die Weiterverarbeitung erfolgt ausschließlich in Deutschland.

Service
Alle Onlinerechner und Formulare finden Sie kostenlos unter **test.de/formulare-immofinanzierung**

Tipps zum Ausfüllen der Formulare
Laden Sie unsere selbstrechnenden Online-PDFs herunter und speichern Sie sie dann auf Ihrem PC. Sie arbeiten mit dieser Kopie auf Ihrer Festplatte weiter. So kann niemand im Netz Ihre privaten Finanzinfos mitlesen.

Formulare
zum Heraustrennen

Mein Eigenkapital

1 Kernkapital

Girokonto, Tagesgeldkonto	€
Umgewandeltes Riester-Vermögen	€
Bausparguthaben (aus zugeteilten oder aufgelösten Bausparverträgen)	€
Wertpapierdepot	€
Verkaufserlös vorhandene Immobilie	€
Auflösung von Lebens- oder Rentenversicherung(en)	€
Hilfe von Verwandten	€
Summe Kernkapital	€

2 Eigenkapitalersatz

Arbeitgeberdarlehen	€
Familiendarlehen / Kredite von Freunden	€
Sonstige Hilfen	€
Summe Eigenkapitalersatz	€

€	+	€	=	€
Summe Kernkapital		Summe Eigenkapitalersatz		**Summe Eigenkapital**

3 Aktuell noch nicht verfügbare Mittel

Anlagegut	Einlage/Guthaben	Verfügbar ab
Nicht zuteilungsreifer Bausparvertrag (aktuelles Guthaben)	€	
Sparbrief/Festgeld	€	
Lebens-/Rentenversicherung	€	
	€	
	€	

4 Details zu Verträgen
4a Mein Bausparvertrag

Bausparkasse	
Bausparsumme	€
Aktuelles Guthaben	€
Zuteilungsreif?	Ja ☐ Nein ☐
Falls nein, prognostizierter Zuteilungstermin	
Mindestguthaben	€
Sollzinssatz des Darlehens	%
Rate (Zins und Tilgung des Darlehens)	€

4b Riester-Vertrag

Anbieter	
Art des Vertrags	☐ Rentenversicherung ☐ Fondssparplan
Sparrate (Monat)	€
Aktuelles Guthaben	€
Renteneintrittsdatum	

4c Kapitallebens- und Rentenversicherungen

	Vertrag 1	Vertrag 2
Anbieter		
Art des Vertrags	☐ Rentenversicherung ☐ Kapitallebensversicherung	☐ Rentenversicherung ☐ Kapitallebensversicherung
Sparrate (Monat)	€	€
Garantiekapital (bei Ablauf)	€	€
Ablaufdatum		
Aktueller Rückkaufwert	€	€

Einnahmen und Ausgaben

1 Einnahmen

1a Monatliche Einnahmen

Nettogehalt Kreditnehmer/in 1	€
Nettogehalt Kreditnehmer/in 2	€
Kindergeld	€
	€
	€
	€
	€
Zwischensumme 1a	€

1b Wechselnde Einnahmen

Kreditnehmer/in 1	Pro Jahr	Pro Monat
Honorare	€	€
	€	€
	€	€
Kreditnehmer/in 2		
Honorare	€	€
	€	€
	€	€
Summe 1b (auf den Monat heruntergebrochen)		€

Berechnung Einnahmen

Monatliche Einnahmen (1a)	€
Wechselnde Einnahmen pro Monat (1b)	€
Gesamtsumme Monatseinnahmen	€

2 Fixe Ausgaben
2a Gemeinsame Wohn-/Versorgungskosten

Miete und die Mietnebenkosten tauchen hier nicht auf, weil Sie nach dem Kauf keine mehr zahlen müssen. Sie zahlen stattdessen Monatsrate sowie Hausgeld und Betriebskosten. Diese Ausgaben ziehen Sie in allen künftigen Schritten von Ihrer Zahlungsfähigkeit ab.

Wohnen/Kommunikation

Strom	€
Heizung (Gas, Öl,...)	€
Wasser	€
Festnetz/Internet	€
Mobilfunk	€
Hausratversicherung	€
Reinigungshilfe	€
	€
	€
	€

Unterhaltung

Rundfunkbeitrag	€
Streamingdienst / Pay-TV	€
Streamingdienst / Pay-TV	€
Kabelfernsehen	€
Abo Zeitung / Zeitschrift	€
	€
	€
	€

Sonstiges

Tiere	€
	€
	€
Summe Gemeinsame Ausgaben (2a)	€

2b Fixkosten Haushaltsmitglieder

	Erwachsene/r 1	Erwachsene/r 2
Mobilität / Auto		
Monatskarte	€	€
Kfz-Steuer (z.B. Halbjahresbetrag geteilt durch 6)	€	€
Kfz-Versicherung (Jahresbetrag geteilt durch 12)	€	€
Park-/Garagenplatz	€	€
Automobilklub	€	€
Leasingrate Auto	€	€
Bahncard	€	€
	€	€
	€	€
	€	€
Versicherungen/Finanzen		
Haftpflichtversicherung	€	€
Berufsunfähigkeitsversicherung	€	€
Private Krankenversicherung	€	€
Rechtsschutzversicherung	€	€
Bankgebühren	€	€
	€	€
	€	€
	€	€
Summe	€	€
Summe Erwachsene/r 1 und 2	€	

Kinder

	Kind 1	*Kind 2*
Kita / Betreuung	€	€
Schulgebühren, Schulessen	€	€
Taschengeld	€	€
Unterhaltszahlungen/Studium/...	€	€
Monatskarte	€	€
Handyvertrag, Kommunikation	€	€
Unterricht	€	€
Mitgliedschaften	€	€
Summe	€	€
Summe Kinder	€	

Summe Erwachsene/r 1 und 2	€
Summe Kinder	€
Summe Fixkosten Haushaltsmitglieder (2b)	€

2c Geldanlagen

	Monatsrate nach Immobilienkauf
Sparpläne	
Bausparvertrag	€
Überweisung auf Tagesgeld-/Sparkonto	€
Riester-/ Rürup-Vertrag	€
Private Rentenversicherung	€
Beitrag zur Betriebsrente	€
Risikolebensversicherung	€
	€
	€
Summe Geldanlagen (2c)	€

2d Belastungen

Autokredit/Leasingraten	€
Konsum-/Ratenkredit	€
Finanzierung	€
	€
	€
Summe Belastungen (2d)	€

2e Umlagen jährlicher variabler Ausgaben auf den Monat (realistische Schätzungen)

Urlaub I	€
Urlaub II	€
Reise zu Weihnachten	€
Geschenke zu Geburtstagen und Feiertagen	€
Reparaturen (pro Jahr)	€
	€
	€
	€
Summe pro Jahr	€
pro Monat (Summe pro Jahr ÷ 12)	€

Berechnung Monatsausgaben

Summe 2a (Wohnkosten)	€
Summe 2b (Fixkosten Haushaltsmitglieder)	€
Summe 2c (Geldanlagen nach Immobilienkauf)	€
Summe 2d (Belastungen)	€
Summe 2e (variable Ausgaben)	€
Gesamtsumme fixe Monatsausgaben nach Immobilienkauf	€

3 Laufende Ausgaben

Wechselnde Ausgaben wie Bäckerei, Supermarkt und Drogerie, Betriebskantine und Unterwegskaffee, Restaurant, Kino, Eintritte oder Kleidung pro Monat

Laufende Monatsausgaben _______ €

4 Berechnung
4a Monatsausgaben insgesamt

Fixe Ausgaben _______ €

Durchschnitt laufende Ausgaben + _______ €

Gesamtausgaben (ohne Miete und Mietnebenkosten) _______ €

4b Zahlungsfähigkeit

Einnahmen _______ €

minus Ausgaben – _______ €

Ihre monatliche Zahlungsfähigkeit für den Immobilienkauf Summe _______ €

Nebenrechnung (nur für den Onlinerechner 1, nicht für weitere Formulare dieses Sets)

Zahlungsfähigkeit _______ €

minus Miete – _______ €

Monatlicher Überschuss nach Abzug der Miete
(inklusive Nebenkosten)
Summe _______ €

Nebenkosten Wohnungskauf

1 Einmalige Kaufnebenkosten

1a Aus dem Eigenkapital zu entnehmen

Maklerprovision	€
Notar- und Grundbuchkosten	€
Grunderwerbsteuer	€
Umzug	€
Ausstattung (Küche, Möbel, Lampen...)	€
Renovierung	€
Wertgutachten	€
______________	€

1b Teil der Objektkosten

Sanierung	€
Modernisierung	€
Summe Kaufnebenkosten	€

2 Laufende Nebenkosten für die Wohnung (Monatswerte)

Hausgeld	€
Grundsteuer	€
Rücklagen für Instandhaltung	€
Summe laufende Nebenkosten	€

Nebenkosten Hauskauf

1 Einmalige Kaufnebenkosten

1a Aus dem Eigenkapital zu entnehmende Nebenkosten

Maklerprovision	€
Immobiliengutachter	€
Notar- und Grundbuchkosten	€
Grunderwerbsteuer	€
Umzug	€
Ausstattung (Küche, Möbel, Lampen...)	€
Gestaltung von Außenanlagen/Garten	€
Renovierung	€
	€
	€

1b Teil der Objektkosten (finanziert eventuell die Bank)

Gestaltung von Außenanlagen/Garten	€
Modernisierung	€
Sanierung	€
	€
	€
Summe Kaufnebenkosten	€

2 Laufende Nebenkosten für das Haus (Monatswerte)

Grundsteuer	€
Rücklagen für Instandhaltung	€
Straßenreinigung	€
Schornsteinfeger	€
Müll	€
Wohngebäudeversicherung	€
	€
	€
	€
Summe laufende Nebenkosten	€

Gesamtkosten Hausbau

1 Kaufnebenkosten

Durch Eigenkapital abzudecken

Maklerprovision	€
Grundstücksbewertung/Wertermittlung	€
Vermessung	€
Baugrundgutachten	€
Notar- und Grundbuchkosten	€
Grunderwerbsteuer	€
Umzug	€
Innenausstattung (Möbel, Küche, Lampen)	€
	€
	€
Summe Kaufnebenkosten	€

2 Grundstücks- und Baukosten

Kreditfinanzierbar

Grundstückspreis	€
Bauleitung/Architekt	€
Statiker	€
Erschließungskosten	€
Herrichtungskosten (z. B. Abriss Altgebäude/Beseitigung)	€
Bauantrag/Baugenehmigung	€
Baukosten	€
Entsorgung des Erdaushubs	€
Sonstiges (Baubegleitung, ...)	€
Baustrom und -wasser	€
Haftpflichtversicherung	€
Bauleistungsversicherung	€

Feuerrohbauversicherung	€
Baustellensicherung	€
Außenanlagen	€
Anlegen des Gartens	€
Innenausstattung (Grundausstattung Bäder, Licht,...)	€
	€
	€
Summe Grundstücks- und Baukosten	€
Gesamtsumme Hausbau	€

3 Laufende Nebenkosten für das Haus (Monatswerte)

Wohngebäudeversicherung	€
Grundsteuer	€
Rücklagen für Instandhaltung	€
Verschiedene Kosten der Gemeinde (z. B. für Straßenreinigung)	€
Schornsteinfeger	€
Müll	€
Heizung und Warmwasser	€
Gartenpflege	€
	€
	€
	€
Sonstige Betriebskosten	€
Summe laufende Nebenkosten	€

Kann ich mir das leisten?

1 Mein Finanzrahmen

1a Vom Eigenkapital her gerechnete Kreditobergrenze

Eigenkapital (aus Formular A) ______ €

Kaufnebenkosten laut Formular C (Wohnungskäufer), D (Hauskäufer) oder E (Hausbauer) – ______ €

= Eigenkapital nach Nebenkosten ______ €

______ € x ______ ______ €

= Maximaler Kredit aufgrund des Eigenkapitals

Eigenkapitalanteil		
solide x 4	mittel x 6	gering x 9

Maximaler Kredit aufgrund Eigenkapital ______ €

Eigenkapital (aus Formular A) + ______ €

= Finanzierbarer Gesamtpreis aufgrund des Eigenkapitals ______ €

1b Von der maximalen Rate her gerechnete Kreditobergrenze

Ihr monatlicher Überschuss laut Formular B ______ €

Ihre künftigen monatlichen Nebenkosten laut Formular C, D oder E – ______ €

Obergrenze für die Rate ______ €

Sollzins ______ %

Anfängliche Tilgung + ______ %

Zins & Tilgung ______ %

______ € : ______ x 1200 = ______ €

Maximaler Kredit aufgrund der Einnahmen/Ausgaben

Maximaler Kredit aufgrund Einnahmen/-Ausgaben ______ €

Eigenkapital (aus Formular A) + ______ €

= **Finanzierbarer Gesamtpreis aufgrund der Einnahmen/Ausgaben** ______ €

2 Die Gesamtkosten

Kaufnebenkosten laut Formular C (Wohnungskäufer), D (Hauskäufer) oder E (Hausbauer) ______ €

Kaufsumme / Bau- & Grundstückskosten + ______ €

Gesamtkosten ______ €

3 Saldo

______ € **größer? kleiner?** ______ €

Der niedrigere der beiden Finanzrahmen aus 1a und 1b

Gesamtkosten

Checkliste Fördermöglichkeiten

Für zahlreiche der Programme gelten Einkommensgrenzen und/oder eine oder mehrere Vorbedingungen.
Die Einzelheiten finden Sie online auf der Seite foerderdatenbank.de.

	Programm	Art der Förderung	Zielgruppe	Besonderheiten
☐	KfW-Förderung	Staatlich finanzierter Kredit	Fast alle, die bauen oder kaufen und selbst einziehen wollen	Kredite bis 100 000 Euro für Kauf oder Bau selbst genutzten Wohneigentums. Zinssatz liegt etwas unter Marktniveau (in Zeiten sehr niedriger Zinsen nur geringer Vorteil). Es nützt Kunden mit wenig eigenem Geld, da es den Hauptkredit verkleinert. Zusammen mit einem KfW-Kredit vergeben Banken ihre eigenen Kredite mitunter günstiger. Sehr nützlich für Hausbauer, weil sich die Tilgung aussetzen lässt, bis die teure Bauphase abgeschlossen ist. Vergabe über die normale Bank.
☐	Gemeindeförderung	Unterschiedlich (vergünstigtes Bauland, Kredite, Barzuschüsse und andere)	Vor Ort gemeldete Einwohner und neu zuziehende Familien	Erkundigen Sie sich, welche Programme bei Ihnen vor Ort verfügbar sind. Dafür eignen sich Google, ein Anruf bei der Gemeinde oder eine Recherche auf der Webseite von Aktion pro Eigenheim (aktion-pro-eigenheim.de). Oft gibt es zum Beispiel Zuschüsse für den Erwerb von Bauland oder Hilfen für Familien.
☐	Riester-Sparplan / Rentenversicherung	Zuschuss zum Ansparen	Riester-Berechtigte (siehe S. 73)	Riester-Sparprodukte lassen sich für Eigenkapital anzapfen.
☐	Wohn-Riester (Eigenheimrente)	Zuschuss zur Tilgung eines Bauspardarlehens	Langfristig orientierte, Riester-berechtigte Selbstnutzer	Hilfe bei der Rückzahlung des Kredits für Kauf oder Bau einer eigengenutzten Immobilie. Achtung, das Produkt ist kompliziert, die Förderung hält sich in Grenzen, und es folgt Besteuerung im Rentenalter.
☐	Wohnungsbauprämie	Zuschuss zum Ansparen	Bausparer, unter Einkommensgrenzen	Der Staat schlägt 10 Prozent der Bausparbeitrage drauf (maximal 70 Euro, Paare 140 Euro im Jahr).
☐	Arbeitnehmer-sparzulage	Zuschuss zum Ansparen/ zur Tilgung	Einkommensschwache Immobiliensparer, vor allem Bausparer	Entspricht Vermögenswirksamen Leistungen (VL) speziell für Immobilienzwecke.

Programme der Länder für Kauf und Bau (Auswahl)

Die Länder Berlin, Mecklenburg-Vorpommern und Thüringen bieten derzeit keine passenden Programme an.

Land	Mögliche Programme	Zuständige Förderbank
Baden-Württemberg	Wohnen mit Kind (nur für Familien, in denen Kinder vorhanden oder geplant sind) Kombi-Darlehen Wohnen (zum Schließen von Finanzierungslücken bei vorhandenen Förderdarlehen)	L-Bank l-bank.de
Bayern	Bayerisches Wohnungsbauprogramm Bayerisches Zinsverbilligungsprogramm Eigenheimzulage; Baukindergeld Plus	BayernLabo bayernlabo.de
Brandenburg	Wohneigentum – Erwerb, Neubau und Ausbau in Innenstädten Wohneigentum – Modernisierung / Instandsetzung	Investitionsbank des Landes Brandenburg (ILB) ilb.de
Bremen	Eigenheimzuschuss (Zuschuss für die Kaufnebenkosten für Familien mit minderjährigen Kindern)	BAB bab-bremen.de
Hamburg	FamilienStartDarlehen IFB-Ergänzungsdarlehen IFB-Konstantdarlehen	Hamburgische Investitions- und Förderbank (IFB Hamburg) ifbhh.de
Hessen	Hessen-Darlehen Bestandserwerb Hessen-Darlehen Neubau	WIBank wibank.de
Niedersachsen	Eigentum für Haushalte mit Kindern oder Menschen mit Behinderung	NBank nbank.de
Nordrhein-Westfalen	NRW.BANK.Wohneigentum Eigentumsförderung – Neubau oder Kauf von selbst genutztem Wohnraum	NRW.Bank nrwbank.de
Rheinland-Pfalz	Kredit 701, 702, 703: Förderung von selbst genutztem Wohnraum	Investitions- und Strukturbank Rheinland-Pfalz (ISB) isb.rlp.de
Saarland	Saarländische Wohnraumförderung – Erwerb von Bestandsobjekten ohne/mit Modernisierung Saarländische Wohnraumförderung – Neubau von selbst genutztem Wohneigentum Sonderprogramm zur Schaffung von Wohnraum in Gebieten mit erhöhtem Wohnungsbedarf	Saarländische Investitionskreditbank AG (SIKB) sikb.de
Sachsen	Familienwohnen Wohneigentum im ländlichen Raum SAB-Fördererergänzungsdarlehen	Sächsische Aufbaubank (SAB) sab.sachsen.de
Sachsen-Anhalt	IB-Förderdarlehen Bau oder Erwerb einer neuen Immobilie IB-Förderdarlehen Erwerb bestehender Immobilien IB-Wohneigentumsprogramm: Finanzierung von selbst genutztem Wohneigentum	Investitionsbank Sachsen-Anhalt ib-sachsen-anhalt.de
Schleswig-Holstein	IB.SH Immo Eigentum; IB.SH Immoflex IB.SH Immofix; IB.SH Immokonstant 24 IB.SH Immo Effizienzhaus Soziale Wohnraumförderung – Eigentumsmaßnahmen (Familien mit Kindern / Schwerbehinderte)	IB.SH ib-sh.de

Eckpunkte Finanzierungsplan

1a Gesamter Finanzierungsbedarf

Gesamtkosten (Formular F Blatt 2)		€
Eigenkapital (Formular A)	–	€
Finanzierungsbedarf	=	€

1b Gewünschte Rate

Ihr monatlicher Überschuss laut Formular B		€
Monatliche Nebenkosten (Formular C, D oder E)	–	€
Obergrenze für die Rate	=	€
Gewünschte Rate		€

2 Fremdmittel

	Kreditart	Kreditsumme	Effektivzins	Monatsrate	Zinsbindung	Restschuld am Ende der Zinsbindung
1. Darlehen	☐ Hypothekenkredit ☐ Kombikredit ☐ Bauspardarlehen	€	%	€	Jahre	€
2. Darlehen	☐ Hypothekenkredit ☐ KfW-Darlehen ☐ Bauspardarlehen	€	%	€	Jahre	€
3. Darlehen	☐ KfW-Darlehen ☐ anderes Förderdarlehen	€	%	€	Jahre	€
	Summe	€	Summe	€		

Checkliste Kreditkonditionen

1 Die wichtigsten Eckpunkte des Kredits

- ☐ Kreditsumme ______________ €
- ☐ Sollzinssatz _____ Prozent pro Jahr
- ☐ Effektivzins _____ Prozent pro Jahr
- ☐ Tilgungssatz _____ Prozent pro Jahr
- ☐ Monatsrate __________ €
- ☐ Voraussichtliche Laufzeit bis zur Schuldentilgung _____ Jahre
- ☐ Volltilgerdarlehen

oder

- ☐ Darlehen mit Zinsbindungsfrist

  _____ Jahre

  bei _____ Prozent Sollzins

2 Kreditkonditionen, die Sie mit der Beraterin durchgehen sollten

☐ **Sondertilgungsrechte**

Wie viel kann ich zusätzlich zu den Raten zurückzahlen?

____

Üblich: Kein Sondertilgungsrecht oder maximal 5 Prozent der Kreditsumme pro Jahr. Variante: 10 Prozent pro Jahr oder individuelle Regelung (oft nur gegen Zinsaufschlag)

☐ **Tilgungswahlrechte**

Kann ich meine Rate flexibel anpassen, wenn sich in meiner Situation etwas ändert? Je flexibler, desto besser.

____

Üblich: Kein Wahlrecht. Meist vereinbar: 2 Änderungen des Tilgungssatzes zwischen 1 Prozent (oder 2 Prozent) und 5 Prozent während der Laufzeit kostenfrei möglich. Besser: 1x pro Jahr.

☐ **Bereitstellungszinsen**

Ab wann fallen wie hohe Zinsen an, wenn der Kredit abrufbar ist, Sie das Geld aber noch nicht brauchen?

Ab dem ____. Monat ____ Prozent

Üblich: 0,25 Prozent pro Monat ab dem 3. oder 4. Monat. Besser: 0,15 Prozent pro Monat ab dem 6. Monat oder noch später.
Für Hausbauer besonders wichtig: Nach wie vielen Monaten werden sie für die noch nicht abgerufenen Teile des Kredits während der Bauphase fällig? Ab dem 1., 3., 6. oder 12. Monat? Je später, desto besser.

Ab dem _____ Monat

☐ **Teilauszahlungszuschläge beim Hausbau**

Werden Teilauszahlungszuschläge fällig?

☐ Nein ☐ Ja

Üblich: Nein. Wenn Sie als Hausbauer schon Bereitstellungszinsen zahlen, sollten Sie möglichst nicht auch noch Gebühren für die ratenweise Auszahlung des Kredits akzeptieren.

☐ **Auszahlungsmodalitäten**

Erfolgt die Auszahlung des Kredits passgenau, wenn der Kaufpreis fällig wird?

☐ Ja ☐ Nein

Üblich: Passgenau, wenn der Kaufpreis fällig wird.

☐ **Rückzahlungsmodalitäten**

Wie zahlen Sie die Raten?

☐ monatlich ☐ vierteljährlich

Üblich: Monatlich

☐ **Kosten für Wertgutachten**

Berechnet die Bank Kosten für ein Wertgutachten?

☐ Ja ☐ Nein

Üblich: Nein. Banken wälzen diesen Posten gerne an die Kunden ab, sollten sie jedoch selbst übernehmen.

☐ **Kündigungsmodalitäten**

Ist eine Kündigung durch den Kunden eventuell auch ohne Vorfälligkeitsentschädigung möglich?

☐ Ja ☐ Nein

Wenn Ja, wie sehr erhöht sich dadurch der Effektivzins?

Von ________ auf ________ Prozent

Üblich: Immer Vorfälligkeitsentschädigung bei Kündigung innerhalb der Zinsbindung oder – bei Krediten mit mehr als zehn Jahren Zinsbindung – innerhalb der ersten zehn Jahre. Variante (selten): Jederzeitiges Kündigungsrecht ohne Vorfälligkeitsentschädigung nach zwei bis fünf Jahren (nur gegen Zinsaufschlag erhältlich).

3 Checkliste beim Beratungsgespräch

- ☐ Wie lange brauchen Sie, um über meinen Antrag zu entscheiden?
- ☐ Wie lange dauert es dann noch voraussichtlich, bis das Geld bereitgestellt werden kann?
- ☐ Hat es für mich Sinn, einen KfW-Kredit einzubinden? Wie verändern sich die Konditionen des Hauptkredits?
- ☐ Passen die Konditionen zu meiner Situation und meinen Vorstellungen?
- ☐ Sind wirklich alle Kosten im Effektivzins enthalten?
- ☐ Gibt es weitere Kosten wie Agio oder Disagio?
- ☐ Was passiert bei diesem Vertrag, wenn ich meine Rate einmal nicht zahlen kann?
- ☐ **Achtung!** Nicht schon vor Ort zu einer Restschuldversicherung überreden lassen, erst zu Hause Konditionen vergleichen

4 Checkliste Darlehensvertrag

- ☐ Sind Namen und Anschriften richtig geschrieben?
- ☐ Wie hoch ist die Kreditsumme? Entspricht sie den Vereinbarungen?
- ☐ Entspricht der ausgewiesene Effektivzins dem Angebot?
- ☐ Sind die Daten des Grundstücks/der Wohnung richtig angegeben (Adresse, Ort, Stockwerk, linke/rechte Seite, Quadratmeterzahl)?
- ☐ Sind die übrigen Konditionen so wie ausgemacht? (Siehe oben.)
- ☐ Wie lauten die Vereinbarungen zur Kündigung?

Selbstauskunft

Kreditnehmer/in 1

Name/Vorname(n) ____________________

Familienstand ☐ ledig ☐ verheiratet/verpartnert ☐ geschieden ☐ getrennt lebend

Adresse ____________________

Staatsangehörigkeit ____________________

Beruf ____________________

Arbeitgeber ____________________

Art der Tätigkeit ☐ festangestellt ☐ befristet bis: ______ ☐ selbstständig ☐ verbeamtet ☐ Mini-Job ☐ arbeitslos ☐ Elternzeit ☐ freiwillig nicht erwerbstätig

Aktuell beschäftigt seit ____________ Bruttoeinkommen (Jahr) ____________ €

Kreditnehmer/in 2

Name/Vorname(n) ____________________

Familienstand ☐ ledig ☐ verheiratet/verpartnert ☐ geschieden ☐ getrennt lebend

Adresse ____________________

Staatsangehörigkeit ____________________

Beruf ____________________

Arbeitgeber ____________________

Art der Tätigkeit ☐ festangestellt ☐ befristet bis: ______ ☐ selbstständig ☐ verbeamtet ☐ Mini-Job ☐ arbeitslos ☐ Elternzeit ☐ freiwillig nicht erwerbstätig

Aktuell beschäftigt seit ____________ Bruttoeinkommen (Jahr) ____________ €

Kinder, für die ich/wir Kindergeld beziehe/n

Name	Geburtsdatum

Zu versteuerndes Jahreseinkommen

Gemeinsam veranlagt	€
oder	
Kreditnehmer/in 1	€
Kreditnehmer/in 2	€
Monatliche Zahlungsfähigkeit (Formular B)	€

Vorhandene Kredite (Auto/Konsum/Ratenkredite/Leasing)

Kreditnehmer/in 1

Darlehensart	Anschaffungsobjekt	Betrag	Laufzeit von ... bis	Rate	Zinssatz
		€		€	%
		€		€	%

Kreditnehmer/in 2

Darlehensart	Anschaffungsobjekt	Betrag	Laufzeit von ... bis	Rate	Zinssatz
		€		€	%
		€		€	%

Unterhaltsverpflichtungen

Kreditnehmer/in 1

Gegenüber	Monatlicher Betrag
	€
	€

Kreditnehmer/in 2

Gegenüber	Monatlicher Betrag
	€
	€

Objektbeschreibung

Adresse

Postleitzahl ______ Ort ______

Straße ______ Hausnummer ______

Wohnfläche ______ Quadratmeter Anzahl Zimmer ______

Baujahr ______

Jahr der letzten Sanierung ______

Zustand
- ☐ neu/Erstbezug
- ☐ gerade erst modernisiert
- ☐ frisch renoviert
- ☐ gepflegt
- ☐ renovierungsbedürftig
- ☐ sanierungsbedürftig

Energetischer Zustand ______

Wohnung

Ausstattung
- ☐ Balkon
- ☐ Aufzug
- ☐ Keller
- ☐ Speicher
- ☐ Parkplatz/Tiefgarage
- ☐ barrierefrei

Haus

Grundstücksgröße ______ Quadratmeter

Umbauter Raum ______

Bauweise
- ☐ Massiv
- ☐ Fertig
- ☐ Bausatz
- ☐ Sonstiges: ______

Stauraum
- ☐ Keller
- ☐ Speicher
- ☐ Schuppen

Garage
- ☐ Keine
- ☐ Ja, ______ Stellplätze

Besonderheiten (z. B. denkmalgeschützt)

______

______

Anlagen

- ☐ Grundrissplan (Makler/Immobilienentwickler/Bauträger/Architekt)
- ☐ Fotos
- ☐ Grundbuchauszug (Grundbuchamt)
- ☐ Eventuell Entwurf für Kaufvertrag
- ☐ Nutzflächenberechnung

Eigentumswohnung

- ☐ Teilungserklärung
- ☐ Wohnnebenkostenberechnung/Wohngeld
- ☐ Eventuell das Protokoll der letzten Eigentümerversammlung
- ☐ Eventuell Informationen über vorhandene Instandhaltungsrücklagen

Haus

- ☐ Lageplan vom Katasteramt/Vermessungsingenieur
- ☐ Wohnflächenberechnung (Architekt)
- ☐ Baugenehmigung
- ☐ Gebäudeversicherung

Lage

Verkehrsanbindung ______________________

Schulen ______________________

Sonstige Infrastruktur (Supermärkte, Parks, Ärzte ...) ______________________

Sicherheit/soziale Lage ______________________

Straße: ☐ viel befahren ☐ wenig befahren ☐ laut ☐ leise

Ausrichtung: ☐ hell ☐ weniger hell ☐ Sonne ☐

Umgebung: ☐ einfaches ☐ problematisches ☐ gepflegtes ☐ gehobenes Umfeld

Image des Stadtviertels/Ortsteils ______________________

Checkliste Unterlagen fürs Bankgespräch

Diese Unterlagen bereiten Sie fürs Bankgespräch vor

Persönliche Daten

- ☐ Personalausweis
- ☐ Selbstauskunft (Formular J)
- ☐ Eigenkapital (Formular A)

Angestellte

- ☐ Drei aktuelle Gehaltsabrechnungen und eine Jahreslohnabrechnung
- ☐ Jüngster Einkommensteuerbescheid

Selbstständige

- ☐ Einkommensteuerbescheide der vergangenen zwei Jahre

und/oder

- ☐ Bilanzen/Betriebswirtschaftliche Auswertungen/Einnahme-Überschussrechnungen der vergangenen zwei Jahre

Falls vorhanden

- ☐ Depotauszug
- ☐ Weitere Nachweise über Eigenkapital, zum Beispiel
  - ☐ Baugenehmigung
  - ☐ Gebäudeversicherung
- ☐ Unterlagen zu weiteren Krediten, die Sie noch laufen haben
- ☐ Nachweis der Mitgliedschaft in einer privaten Krankenversicherung
- ☐ Rentenversicherungsvertrag
- ☐ Auszug Tagesgeldkonto

Kreditbedarf/Objekt

- ☐ Objektbeschreibung (Formular K)
- ☐ Gesamtkosten (Formular F, Blatt 2)
- ☐ Eigene Vorstellungen von der Finanzierung (Formular H)
- ☐ Grundriss mit Maßen (Makler/Immobilienentwickler/Bauträger/Architekt)
- ☐ Fotos

Falls vorhanden

- [ ] Entwurf des Kaufvertrags

Für Wohnungskäufer

- [ ] Teilungserklärung
- [ ] Wohnnebenkostenberechnung = Wohngeld
- [ ] Eventuell aktuelles Protokoll Eigentümerversammlung
- [ ] Eventuell Nachweis über vorhandene Instandhaltungsrücklagen

Für Hausbauer

- [ ] Baubeschreibung
- [ ] Gutachten Grundstückswert
- [ ] Kostenvoranschlag des Bauunternehmens
- [ ] Lageplan (Flurkarte des Katasteramts/Plan vom Vermessungsingenieur)
- [ ] Fotos
- [ ] Aktueller Grundbuchauszug
- [ ] Wohnflächenberechnung/Nutzflächenberechnung (Architekt)

Falls vorhanden

- [ ] Bauantrag
- [ ] Vom Amt genehmigte Bauzeichnungen
- [ ] Baugrundgutachten
- [ ] Bauversicherung